중독은 없다

중독은 없다

섣부른 편견으로 외면해온
디지털 아이들의 일상과 문화

| 윤명희 지음 |

율리시즈

추천의 글

새로운 미디어는 기대의 대상이자 두려움의 대상이다.
기대와 두려움의 이중주는 새로운 미디어가 등장할 때마다 되풀이되어 왔다.
이중주에서 부모들은 늘 두려움의 역할을 맡는다.
텔레비전이 등장할 때 그랬던 것처럼 스마트 폰을 사용하는 자녀들을 보고
부모들은 중독을 두려워하며 비명을 지르고 있다.
이 책은 두려움에 떨고 있는 부모들을 위한 책이다.
이 책을 통해 디지털 문화의 단면을 산책하다 보면
막연한 두려움은 어느 새 사라진다.
그 대신 부모들은 피상적으로만 알고 있던 자녀들의 디지털 문화를
이해할 수 있는 실마리를 손에 쥐게 된다.
이 책 덕택으로 부모와 자녀 사이에는 "그만 좀 써!"라는
중독을 두려워하는 비명 대신 대화가 시작될지도 모른다.

노명우(사회학자)

머리말

어른들의 눈에는 버스나 지하철에서, 길을 걸을 때, 친구들과 함께 있을 때에도, 바깥에서도 집 안에서도, 오로지 스마트폰만 하는 아이들만 보인다. 아이들의 디지털 중독 상황을 걱정하는 이들은 스마트폰이 아이들을 망쳐놓고 행복한 삶을 방해한다며, 아이들을 위해서라도 스마트폰을 뺏어야 한다고 말한다. 정말 스마트폰을 뺏고 못 쓰게 하면 문제는 해결될까.

현장에서 만난 부모들의 고민은 좀 더 복잡하다. 친구들에게 뒤처지는 건 아닐까 싶은 마음에 스마트폰을 사주었지만 게임이나 카톡만 할 뿐이고, 적당히 사용하라고 좋게 타일러도 돌아오는 건 짜증 섞인 대꾸나 화풀이가 고작이다. 문제는 스마트폰을 쓸수록 이런 상황이 점점 더 심해지는 것만 같다는 것이다. 낯선 디지털이지만 지금이라도 배워서라도 아이에게 제대로 된 스마트폰 사용법을 알려

쥐야 하는 것은 아닐까 고민도 적지 않다. 정말, 어디서부터 어떻게 시작해야 하는 것일까.

이 책은 이러한 문제적 상황을 '디지털 아이들'의 입장에서 바라보기로 작정하고 쓴 글이다. 이유는 간단하다. 명확하고 납득할 만한 근거도 없이 아이들의 디지털 사용을 중독의 시선으로만 바라보는 것이 마뜩치 않아서다. 또한 중독이란 시각으로 디지털 상황에 접근하는 한, 아이들과의 갈등은 물론이고 디지털과 연루된 문제 상황을 개선해 나갈 방법을 찾기란 요원하다고 보기 때문이다.

그래서 고민 끝에 《중독은 없다》라는 나름 선정적인 제목을 뽑았다. 그래서 책은 애꿎은 아이들을 볼모로 과잉 생산되고 있는 중독 이야기의 실체를 좀 더 면밀하게 들여다보는 데서 출발한다. 그리고 중독이 아니라 보통 사람들의 '사용'과 '문화'라는 관점에서 디지털 현상을 다시 생각해본다. 특히 디지털을 가장 활발히 사용하는 요즘 아이들의 일상 문화를 통해 디지털 사용이 갖는 의미를 이해하는 데 초점을 맞췄다. 이를 통해 디지털 아이들은 물론 모바일 세계에서 이방인으로 살아가는 사람들이 어떻게 서로 만나고 소통하고 협력할 것인지를 주제로 이야기를 확장해보고 싶었다.

이 책은 구체적인 방법과 지침을 알려주는 실용서라기보다는 디지털 세상을 어떻게 바라볼 것인지, 아이들과 보통 사람들이 디지털을 통해 무얼 하는지, 그리고 그것이 갖는 의미는 무엇인지를 돌아보는 생각 지도에 가깝다. 여기에는 미디어 문화사회학자이자 청소년 연구자로서의 분석적 시선이 기본으로 전제돼 있으며, 아이를 키우는 부모로서 좌충우돌하며 고민했던 경험 역시 녹아 있다.

고백하자면, 이론이 삶을 모두 해명해줄 수는 없기에, 디지털과 관련한 각자의 현실적인 일상과 경험에 전문가를 자처하며 해법을 제시하는 것은 내가 할 수 있는 범위를 넘어서는 일이다. 다만, 아이와 어른을 막론하고 디지털 사용에서 비롯된 문제를 중독의 시각이나 기술주의가 아니라 사회학적 시선으로 차분히 바라볼 필요가 있음을 꽤 오랫동안 느껴온 것은 사실이다. 해 아래 새 것이 없듯이, 우리 각자가 직면한 오늘의 디지털 상황은 어제와 무관하지 않으며 내일과도 연결될 수밖에 없다. 이 연결의 중심에는 구조화된 권력, 특정 이해관계, 사회 문화적 맥락이 여전히 작동하고 있다. 의무이자 일상이 된 디지털 사용 역시 마찬가지다. 그럼에도, 새로움의 쓸모를 묻는 대신 마치 갑자기 낯선 시대가 들이닥친 양 여기저기에서 호들갑이 넘쳐나는 것도 사실이다.

다른 한편으로 이 책은 미디어의 일상적 활용을 놓고 고심해온 부모로서의 흔적 역시 고스란히 녹아 있다. 모바일 세계라는 속도 지향적이고 유동적인 현실은 각자의 판단을 더디고 어렵게 하지만, 그렇다 해서 피해가거나 외면할 수는 없는 노릇이다. 현재와 미래를 살아갈 아이들을 생각하면 더더욱 그렇다. 아이들의 디지털 사용과 관련해 어떻게든 판단과 선택을 해야 하는, 즉 피할 수 없지만 그대로 따를 수도 없는 상황에 직면한 부모이자 앞선 세대의 고충에 충분히 공감한다. 그래서 구조의 희생양이나 수동적 상황의 적응자가 아니라, 설령 제한적이라 하더라도, 맥락에 따른 판단과 선택을 하는 행위자라는 '하기'의 관점에서 디지털 사용 상황을 설명했다.

부족하기 짝이 없지만, 디지털을 어떻게 제대로 사용할 것인가에 대한 사용자 개개인의 의문을 품는 데서부터, 균형 있는 디지털 사용을 위한 사회 문화적 환경을 마련하는 데 필요한 사회적 소통에 이르기까지, 이 글이 작게나마 쓸모가 있길 바란다.

독자의 읽기를 돕기 위해 책의 내용과 활용법을 간략히 소개한다. 1장은 중독의 시선으로 디지털 사용을 보는 것이 왜 문제가 되는지를 살펴본다. 2장은 문화사회학의 시선을 통해 디지털 세계의 풍경을 전반적으로 조망해본다. 3장은 디지털 아이들을 규정하는 편견을 넘어, 이 아이들을 어떻게 있는 그대로 적절히 이해할 것인지를 다룬다. 4장은 디지털 아이들의 일상을 디지털 산책자, 모바일 대화, 놀이 언어, 협력적 자기표현 등의 주제를 통해 구체적으로 들여다본다. 5장은 즐겁지만 위험하고 불안한 상황 역시 공존하는 디지털 아이들의 현실을 그려보고 있다. 6장은 디지털 아이들과 대화하기 위해 앞선 세대로서 우리 어른들에게 필요한 변화는 무엇일지, 질문을 제기한다. 7장은 디지털 사용의 균형점을 찾기 위한 새로운 디지털 습속은 어떻게 만들어 나갈지에 대한 방법론과 사회적 소통의 필요성을 제안하고 있다.

독자의 목적에 따라 이 책은 읽는 순서를 달리하며 활용할 수 있다. 스마트폰 때문에 아이들과 갈등을 빚고 있는 부모, 디지털 사용을 중독으로만 생각해온 입장이라면 1장에 이어 6, 7장을 연결해서 읽어도 좋겠다. 디지털 세상을 전반적으로 이해하고 싶다면 2장을 우선 펼침으로써, 디지털 세계를 이해하는 분석적 시선에 익숙해질 수 있을 것이다. 아이들의 디지털 일상과 문화가 궁금하다면 3장과 4장, 5장을 묶어서 보는 것도 한 방법이다.

책이 나오기까지 든든히 지지해준 남편 준삼과 언제나 사랑하는 딸 나경, 따뜻한 힘이 되어준 가족들, 소중한 친구들, 나의 사람들에게 진심으로 고마움을 전한다. 책 만드느라 고생하신 율리시즈의 김미성 편집장과 김현관 대표 두 분께도 감사드린다. 부족함은 모두 저자인 내 탓이다.

이 책을 사랑하고 보고 싶은 (故)하수둘 님께 바칩니다.

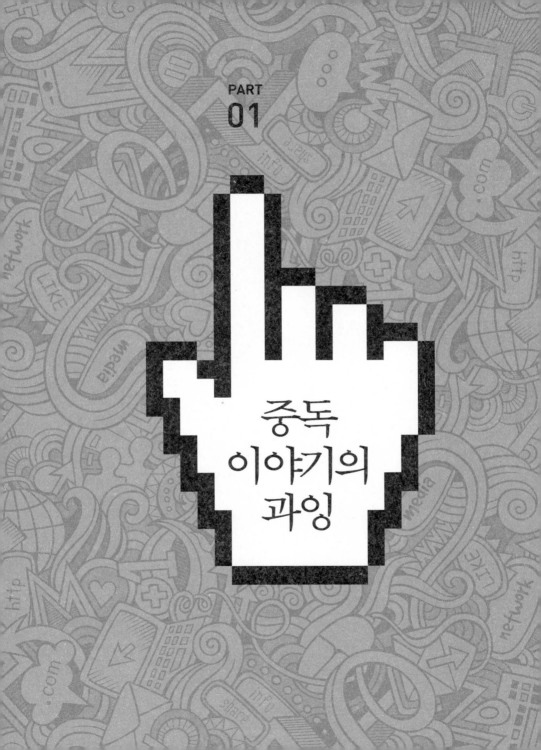

PART
01

중독
이야기의
과잉

디지털 마술피리
소리가 들릴 때

미디어가 아이들을 뺏어간다?

▶▶   이 시대의 스마트폰은 몸의 일부분처럼 일상의 시간 곳곳에 파고들고 있다. 각 가정도 예외는 아니다. 그런데 집집마다 벌어지는 스마트폰 풍경은 결코 평온하지 않다. 부모들은 스마트폰이라는 새로운 바보상자가 아이들을 망쳐놓고 있다며 아우성이다. 부모들의 걱정스러운 이야기를 중심으로 이 소란스러운 풍경을 들여다보자.

요즘 아이들이 신학기나 생일 선물로 가장 받고 싶은 것은 스마트폰이다. 기종과 요금제를 놓고 실랑이가 있기도 하지만, 정작 본격적인 갈등은 구매 이후 사용과 관련해서 벌어진다. 공부나 일상생활에 방해되지 않도록 제대로 잘 쓰겠다던 아이의 다짐은 대체로 일주일을 가지 못한다. 다짐에 다짐도 받고 매번 사용 각서도 다시 써보지만 소용이 없다.

맞벌이 가정의 아이들은 또래 친구들에 비해 스마트폰을 빨리 갖는 편이다. 아이 하나를 키우는 데 온 마을이 필요하다는 말은 현실과는 멀기만 해서, 아이의 안전이 걱정돼 스마트폰을 사주었지만 정작 필요할 때 연락은 제대로 안 되고, 집에 와서는 스마트폰을 놓지 못하는 아이를 보며 부모는 불만만 쌓인다.

늦은 밤까지 책을 읽지 말라고 말려야 했던 아이가 스마트폰이 생기자 더 이상 책을 읽지 않는다. 책 대신 스마트폰으로 웹툰을 보고 게임을 하느라 방에서 나오지도 않는다. 이제는 밤늦게까지 스마트폰 하지 말라고 잔소리를 해야 한다. 공부하느라 피곤하고 바쁘다면서도 시간만 나면 스마트폰을 들여다보고 학원이 끝난 늦은 밤에도 스마트폰으로 게임이나 카톡을 하고 있다. 차라리 그 시간에 휴식을 취하라고 하면 오히려 좀 쉬자며 되레 역정이다.

결국은 아이의 스마트폰을 뺏고 한바탕 난리를 치르고 만다. 며칠이 지나도 밤늦도록 잠도 잘 못 자고 아침에는 계속 푸석한 얼굴을 보니 충격이 컸나 싶어 걱정이다. 그러다 아이 방의 문을 열어보니 이불 안에서 스마트폰 불빛이 흘러나온다. 어디서 공폰(공기계 스마트폰)을 구해온 모양이다. 괜한 걱정을 한 것이 화나고 이제 부모까지 속여 가며 스마트폰을 쓰는 아이가 정말 구제할 수 없는 나쁜 길로 빠지는 건 아닐까 충격에 휩싸인다.

여기저기서 들려오는 남의 집 얘기 같지 않은 이런 상황을 어떻게 이해하고 받아들여야 할까. 스마트폰은 우리 아이들을 빼앗아 망쳐놓고 있는 것일까. 부모는 스마트폰이라는 디지털 악당에 맞서 싸워 중독에 빠진 아이를 구하는 용맹한 아날로그 전사라도 돼야 하는 걸까.

하지만 미리 말해두자면, 각 가정에서 일어나고 있는 갈등 상황은 결코 스마트폰 때문이 아니다. 설령 부모와 아이 간의 갈등에 스마트폰이 늘 끼여 있다 해도 그렇다. 그러니 스마트폰과 싸워 이겨 아이를 되찾겠노라는 생각은 애초에 접을 일이다.

오래된 미디어 괴담

▶▶   요즘 아이들에게 스마트폰이 대세라면, 부모들의 유년기에 중요한 미디어 경험은 텔레비전이라고 할 수 있다. 스마트폰이 등장하기 전까지 텔레비전은 아동과 청소년에게 부정적인 매체로 꾸준히 거론되어왔다. 미디어가 아이들을 망치고 빼앗아간다는 우려는 사실 어제오늘의 일이 아니다.

아이들을 망치는 텔레비전이라는 시선은 1950년대 후반 한국의 텔레비전 방송이 시작된 이래 지속되어왔다. 텔레비전에 대한 대중의 매혹이 더해질수록 매체에 빠져드는 아이들에 대한 걱정 또한 커져갔다. 아이들을 수동적으로 만드는 '바보상자'라는 주장이 대표적인 것으로, 텔레비전이 청소년의 발달과 수면을 방해하고 폭력적 충동과 비행을 조장하고 그릇된 소비풍조를 심어준다는 것이었다. 그리고 자제력이 떨어지는 아동들이 '텔레비전 중독'에 빠지지 않도록 부모나 관계 기관이 적극 관리할 필요성이 강조되었다.[1]

특히 텔레비전 드라마는 저질과 퇴폐의 가장 대표적인 예로 비난받았는데, 1968년 11월 주부 1,000명을 대상으로 실시한 방송 청취 경향 조사에 따르면 가장 많이 보는 TV 프로그램은 연속극(18.6 퍼센트)이었다. 동시에 연속극이 저속하고 아이들에게 나쁜 영향을 미친다는 답변도 75퍼센트에 달했다. 당시 신문 매체는 드라마의 저속 퇴폐 논란을 가중시키는 역할을 담당했다. 1968년 11월 20일 자《동아일보》사설을 보면, 저속한 드라마가 국민대중의 저속화를 초래한다며 강하게 비난하고 있다.

언론의 여론몰이에 이어 1969년 1월 6일 서울시 경찰국은 아동·청소년의 정서 교육에 해를 끼치는 이른바 저속한 드라마에는 '미성년자 시청불가'라는 자막을 넣고 저속한 프로그램은 밤 10시 이후에만 방송하거나 방송윤리위원회가 사전 검열할 것을 건의한다. 문공부 역시 방송 내용의 저속화를 막는다는 명분으로 1월 30일 방송 감청원 20여 명을 전국 방송국에 고정 배치해 윤리에 저촉되는 방송 내용을 적발하여 방송윤리위위회에 고발하고 있다.[2]

하지만 무엇이 저속하고 잘못된 것인지에 대한 기준은 명확하지 않고 모호하다. 최초의 막장드라마로 꼽히는 〈개구리 남편〉(1969)은 신입 여사원과 불륜에 빠진 유부남 과장을 뭍과 물속 모두에서 이중

생활이 가능한 개구리에 빗대었다. 개구리 남편의 통속적 불륜을 다루고 있긴 하지만 '점' 하나에 마누라도 못 알아보는 요즘의 막장드라마에는 비할 바도 못 된다. 소위 '욕하면서 보는' 요즘의 막장 드라마에는 출생의 비밀, 고부갈등, 불륜, 삼각관계, 폭력, 강간, 청부살인 등의 상상을 초월하는 자극적인 요소들이 아무런 개연성 없이 마구잡이로 얽혀 있지 않은가. 따지고 들자면 어쩌면 이 모든 것보다 더한 막장은 하루 시간의 대부분을 오로지 공부하는 데 보내야만 하는 아이들의 현실일지 모르겠다.

스마트폰, 다시 나타난 차가운 바보상자?

▶▶　대한기독교서회에서 발행하던 《새가정》(1988)에 실린 글은 텔레비전이 어린이 문화를 황폐화하고 어린이들을 병들게 한다며 우려한다. 그리고 넋을 놓고 이 텔레비전을 응시하는 어린이 사진이 등장한다. 이 장면에서 떠오르는 왠지 낯설지 않은 디지털 풍경이 있다. 함께 있지만 각자의 스마트폰을 들고 따로 노는 아이들 사진은 요즘 아이들의 디지털 문제를 거론할 때 등장하는 일종의 증거 역할을 한다. 그렇다면 이제 텔레비전의 뒤를 이어 스마트폰이라는 새로운 바보상자가 아이들을 중독으로 이끌고 있다고 봐야 하는 것일까.

　하지만 미디어가 아이들에게 어떤 영향을 갖는지, 예컨대 부정적

인지 긍정적인지에 대해서는 쉽게 결론 내리기 어렵다. 미디어의 영향력은 직접적이라기보다 다른 요인과 연계돼 효과가 나타나는 간접적이고 매개적인 것이기 때문이다. 예컨대 미디어가 아이들을 폭력적이고 무력한 존재로 만든다는 주장은 예나 지금이나 널리 퍼져 있지만 엄밀히 따져보면 근거가 부족하고 납득하기 어려운 억측인 경우가 많다.

새로운 미디어의 영향력에 대한 조심스러운 입장은 이미 반세기 전에도 제시된 바 있다. 1966년 5월 31일에 열린 심포지엄 〈매스콤이 청소년들에게 미치는 영향〉에서 한 발표자는 대중매체가 코미디나 방송극, 쇼프로 등으로 아이들의 언어를 상스럽고 비속하고 지저

분하고 잔인하게 만든다고 주장한다. 그런데 이에 반해 다른 발표자는 대중매체가 청소년에게 다양한 경험의 세계를 제공하고 인생의 의미를 탐색하는 풍부한 자료를 준다는 점에서 긍정적인 면이 있다면서, 오히려 이런 유용한 활용 대신 대중매체가 천박한 인생을 강요하고 사고 수준을 낮추는 내용만 만들어내는 데 문제가 있다고 주장한다. 나아가, 신문 한 면에선 평화론을 말하면서 그 뒷장에선 전쟁론을 쓰고, 입시지옥을 규탄하면서 그 옆에는 입시문제 페이지를 두는 일관성 없는 매체의 태도가 독자와 청소년을 혼란스럽게 만드는 진짜 이유라고 지적한다.[3]

그런가 하면 1968년에 이뤄진 서울시 아동의 텔레비전 시청 실태조사는 능동적 수용자로서 아동에 대한 견해를 소개하면서 텔레비전의 영향이 아동에게 유해한 것인지 혹은 이로운 것인지를 확정 짓기 어렵다고 말하고 있다.[4] 언론학의 창시자라 불리는 윌버 슈람Wilbur Schramm은《우리 아동들의 삶에서의 텔레비전》에서 텔레비전이 아동에게 좋은가 나쁜가라는 논의는 과학적이지 않으며, 그 실제는 특정한 텔레비전 프로그램과 특정한 상황, 그리고 여기에 놓인 특정 유형의 아동과의 관계에 주의를 기울여야 한다고 본다. 나아가 아동의 배경이 되는 가족, 친구, 학교 등과 같은 생활 전체 속에서 파악해야 한다는 점을 강조한다.[5]

미디어 이용자를 바보상자의 수동적인 소비자로 보는 건 단순한 비난일 뿐이다. 미디어의 부정적 영향력에 대한 확신과 달리, 아이들이 미디어를 접하고 미디어를 이용하는 것이 아이에게 어떤 경험과 해석으로 남을지는 누구도 알 수 없으며 그 결과를 예측하기도 어렵다. 아이 자신이 놓인 시점과 상황에 따라 경험에 대한 해석은 언제나 변화할 수 있기 때문이다. 그래서 부모와 사회는 아이의 미디어 사용에 대해 더욱 조심스러운 태도를 취하고 있는지도 모른다. 하지만 신중하고 세심한 접근이 미디어의 부정적 측면만을 강조하고 사용을 제한하고 금지하기 위한 조치에만 초점을 두는 쪽으로 편향돼선 곤란하다. 미디어 사용이 어떤 가능성과 접합될지는 누구도 예단할 수 없다. 무분별한 사용만큼이나 일방적인 통제 역시 위험하긴 마찬가지다.

나를 매혹한 미디어

▶▶   도대체 무엇 때문에 스마트폰을 둘러싼 전쟁이 집집마다 벌어지는지, 이 상황을 어떻게 생각해야 하는지, 그리고 그 대책은 무엇인지에 대한 이야기를 시작하기 전에, 어린 시절 나를 매혹하고 즐거움과 불쾌함, 그리고 친구를 선사했던 미디어 얘기를 먼저 해보려 한다.

장면 1_ 매혹의 첫 기억

매체 때문에 학교 문턱도 밟기 전에 죽을 뻔했다는, 부모님께 전해 들은 기억나지 않는 사건이 있다. 내 어린 시절에 전화와 텔레비전은 귀한 재산목록에 속했다. 동네 몇 집에나 텔레비전이 있었을까. 그 보기 드문 텔레비전이 길 건너 '근대화 슈퍼마켓'에 있었다. 늘 문을 열어놓았던 큰 가게 앞에 서서 보면 소리는 또렷이 들리지 않아도 화면은 그럭저럭 볼만했던 모양이다. 그렇게 슈퍼집 텔레비전을 기웃거리던 어느 날, 여느 때처럼 드라마 방영시간에 맞추느라 건너편으로 뛰어가다 달려오는 차에 치일 뻔했다는 것이다. 그날로 부모님은 텔레비전을 집 안으로 들여놓으셨다. 양쪽으로 차르르 문이 열리고 네 개의 곧고 기다란 다리가 있던 텔레비전은, 컬러 방송이 시작된 1980년 14인치 컬러 TV를 사기 전까지 온 가족, 특히 어린 세 자매의 사랑을 독차지했다. 늘 그렇듯 매체는 매혹 그 자체다.

장면 2_ 쾌와 불쾌 사이에서

국민학교(지금의 초등학교) 1~2학년 즈음 영화 〈킹콩〉을 식구들과 봤다. 생애 처음 가본 영화관이었다. 영화관의 스크린은 킹콩보다 거대하고 금발미녀보다 화려한 스펙터클로 어린 국딩의 마음을 완전히 사로잡았다. 조악한 입체 안경을 쓰고 봤던 액션 영화에선 굴러오는 돌에 주인공과 함께 깔려 죽을까 봐 얼마나 조마조마했던지. 하지만 영화관은 즐거운 판타지의 기억만 주었던 것은 아니었다. 동네와 가까웠던 시내 변두리 영화관에는 우리가 좋아하던 만화 영화와 성인용 영화를 번갈아 상영하는 경우가 많았다. 태권브이의 용감무쌍한 활약에 한참 몰입하고 있는데 옆자리 아저씨가 자꾸 다리를 만진다며 친구가 울먹거려 아쉬운 마음을 뒤로하고 영화관을 나왔던 기억이 난다. 미디어가 매개하는 공간은 즐거움과 두려움이 공존하는 곳이다.

장면 3_ 몰입의 수행

어린 시절 내 책읽기의 시작은 만화책이 5할 이상을 차지하고 있었다. 학교 앞 만화방은 집으로 가기 전 반드시 거쳐야 하는 곳으로, 고대하던 다음편이 나왔는지 확인하는 것은 중요한 일과 중 하나였다. 옆집 맘씨 좋은 중학생 언니는 십여 권의 전권을 빌려보고는 너도 보라며 건네주었다. 빨리 돌려주어야 다음을 기대할 수 있다는 합리적 강박은 속독의 습관을 주조했다. 명절처럼 목돈이 생기는 때면 한꺼번에 몇 십 권씩 빌려서는 외울 만큼 보고 또 봤다. 보고 또 봐도 질리지 않았고 마지막 편을 끝내기 전까지 식음을 전폐하는 건 당연한 일이었다. 도저히 손에서 놓을 수가 없던 어떤 날은 학교에 가져가 책상 서랍에 넣고 선생님의 시선을 피해 슬쩍슬쩍 들여다보는 나름 대담한 도전도 서슴지 않았다. 매체로의 몰입은 아슬아슬한 행하기와 함께할 때 더 짜릿하다.

장면 4_ 외롭거나 친밀하거나

섬마을에서 남부러울 것 없이 좀 사는 집 출신이라던 후배 이야기를 덧붙여본다. 삼시 세끼 어촌 편에 등장하는 만재도 같은 외딴 섬은 아니었지만 당시는 제법 규모 있는 큰 섬이라 해도 육지에 비하면 텔레비전 방송이 제한적이었다고 한다. 이 후배는 초등학생 때

도시로 이사하면서 동네 친구와 학교 친구들 사이에서 뜻하지 않은 소외감을 느끼게 되었다. 당시 인기 어린이 만화였던 마린보이의 주제가를 "바다의 왕자 마린보이 푸른 바다 밑에서 잘도 싸우네……"라며 모두가 입을 모아 부르는데 한 소절도 함께할 수 없었기 때문이었다. 문화를 공유하지 못하는 것, 그것은 소외였다. 그렇다. 매체는 관계를 의미한다.

매혹의 일상화 : 결핍이 불가능한 세계

▶▶ 우리가 사는 세상은 각종의 매혹들이 넘쳐난다. 지구적인 고속 성장과 넘쳐나는 상품들은 생산보다 소비가 문제인 시대로 접어든 지 오래임을 증명한다. 아주 조금의 부족함도 지체 없이 충족시켜주고 더 나은 만족을 약속하는 대상과 서비스가 지척에 넘쳐난다. 또한 존재의 근거는 소비를 통해서만 그 의미를 드러내는 현실에 이르렀다. 존재하기 위해 소비해야 하며, 검색되고 노출되지 않으면 있어도 있는 게 아니다. 테크놀로지는 이러한 결핍이 불가능한 시대를 견인하는 중요한 동인이다.

그런데 각 세대가 처한 사회 문화적 상황에 따라 테크놀로지가 갖는 의미는 사뭇 다르다. 보릿고개를 어린 시절로 회상하는 세대의 어른들은 입에 풀칠하고 책 한 권 안고 학교 문턱을 넘는 것만으로도 다행이라 여겼던 시절이라고 말한다. 결핍이 일상의 삶을 지배하던 때라 해도 과언이 아니다. 이에 비하면 1970~1980년대를 경유한 텔레비전 키드에게 매체는 일상적 삶의 전제로, 텔레비전과 라디오, 워크맨 없는 유년기를 설명하기 어렵다. 텔레비전 키드 세대의 매체 경험은 결핍보다는 매혹의 축으로 좀 더 기울어 있으며 하나의 문화로 각인되어 있다. 다만 이 매혹의 기억이 스펙터클한 즐거움으로만 설명되는 것은 아니다. 여기에는 불쾌함과 두려움, 그리고 배제와 소외라는 경험도 동시에 배어 있다.

지금의 디지털 일상은 매혹의 포화 상태를 넘어, 결핍이 결핍된 세상이다. 결핍이 불가능한 세계에는 매혹적인 스펙터클이 감당할 수 없을 정도로 넘쳐난다. 이동하면서 사용하는 모바일 인터넷은 매체의 경험과 기억을 일상의 필수품으로 만들고 있다. 사람들은 더 이상 욕망을 지연한 채 결핍 상태에 머무르기 어려워졌다. 틈새의 짧은 시간, 이동하는 순간에도 스마트폰은 더 손쉽고 편리하게 보고 즐기는 구경거리를 제공하지 않는가. 불충분하고 결여된 상태는 좀처럼 지체되는 법 없이 한순간에 충족된다. 하지만 욕망은 결코 충족되지 않으며 다만 또 다른 욕망을 생성할 뿐이다. 그래서 혹자는 결핍도 없지만 충족도 없는, 단지 욕망의 쳇바퀴를 돌 뿐인 현대 사회를 거짓 욕망이 넘쳐나는 스펙터클의 사회라고 비판하기도 한다.[6] 일리 없지 않다.

그런데 이처럼 매혹으로 가득 찬 세계, 욕망의 찰나적 충족이 일상이 된 세계에서는 아이러니하게도 매혹의 두려움이라는 불안한 감정 상태 역시 동시에 나타난다. 마치 매혹의 순환로를 질주하듯 쉽게 쓰고 버리고 새로 소유하는 일상의 과정을 반복하면서도 사람들은 편하지 않은 느낌을 지우기 어렵다. 매혹의 일상을 전복하는 갑작스러운 사고가 운명처럼 대기하고 있지 않을까 불안하고 두렵기까지 하다. 이 불안과 두려움은 문명비판적인 엘리트나 금욕적인 입장을 가진 특정한 소수만이 감지하는 것이라기보다는 보편적이고 일상적인 감각에 더 가깝다.

예컨대 '중독'은 매혹의 두려움을 드러내는 대중적이고 일상적인 이름이다. 중독은 과도하고 헤어날 수 없는, 어떤 구조화된 상태나 상황을 무의식적으로 포착한 참으로 인간적인 언어다. 중독은 결핍의 결핍에 대한 불안과 두려움을 공공연하게 드러내는 즉자적인 언어이기 때문이다. 그러나 다른 한편으론 몰입과 매혹의 의미를 이해하기 위한 지체를 허용하지 않고 일방적인 해결책부터 꺼내드는 데한 치의 망설임도 없는, 무자비하고 폭력적인 언어이기도 하다. 몰입이나 매혹의 실체와 어떤 대화도 나누려고 하지 않고 금기와 배제의 대상으로만 규정짓기 때문이다. 그래서 중독은 매혹이 일상화된곳, 결핍이 결핍된 곳이라면 어디에나 있지만 또한 어디에도 없다.

중독은
어디에나 있고
어디에도 없다

스마트폰을 끄면 행복이 켜진다?

▶▶　　　네댓 명의 교복을 입은 아이들이 메뉴를 정하느라 잠시 이
야기하더니 주문을 하고선 이내 무료 와이파이 존에 각자 접속하고
조용해진다. 음식을 먹을 때도 서로 말이 없다. 길을 걷고 횡단보도
를 건널 때는 물론 가족과 식사할 때도 스마트폰에서 눈을 떼지 않
는다. 스마트폰을 끄면 행복이 켜진다는 공익광고의 내용이다. 과다
사용 혹은 중독의 혐의를 받는 주인공은 여느 때와 같이 청소년이다.
　　과연 스마트폰을 끄면 행복이 환하게 켜지는 것일까. 아이들의 잘
못된 스마트폰 사용을 바로잡아야 한다고 말하는 어른들은 스마트
폰이 대화하지 않는 사람들을 만들어낸다고 단언한다. 하지만 스마

트폰이 행복한 삶을 방해하는 걸림돌이라는 이들의 말과 확신은 근거 없는 주술에 가깝다. 영리하고 멋진 '스마트'라 해놓고 한순간에 장애물 취급을 당하는 스마트폰의 입장에서도 억울하기 짝이 없는 일이다. 스마트폰은 부모와 아이의 행복한 삶을 방해하는 디지털 라훌라Rahula(羅睺羅)*일까.

부모의 시선으로 볼 때 아이의 손에는 늘 스마트폰이 쥐어져 있다. 하지만 아이의 입장에서 보면 전혀 다른 상황이다. 아이들이 스마트폰을 주로 이용하는 장소는 집이거나 학원 버스, 지하철 같은 이동 중인 교통수단 안이다. 이 때문에 청소년의 스마트폰 사용 시간을 실질적으로 계산하기란 쉽지 않다. 청소년의 스마트폰 사용 시간은 방과 후 혹은 숙제 끝내고 학원 가기 전이거나 학원을 오가는 십여 분간의 셔틀버스 안, 그리고 학원 수업을 끝낸 늦은 밤이다.

학교와 학원 중심의 생활에서 아이들이 함께 모이고 만날 시간을 잡기란 쉽지 않다. 친구 따라 강남 간다는 말도 옛말이다. 요즘은 친구 만나러 학원 간다. 학원 가는 시간이 각자 다른 아이들은 낮에는 스마트폰으로 각자 웹툰을 보거나 게임을 한다. 학원이 끝난 밤이나 되어서야 잡담이나마 서로 주고받는 카카오톡을 사용하며 시간 가는 줄 모르는 수다 삼매경에 빠져든다. 그러니 틈새시간과 아주 늦

---

* 라훌라: 부처의 십대 제자로서 남이 보든 말든 묵묵히 실천 수행하는 밀행제일密行第一로 불린다. 출가 전, 부인 야소다라와의 사이에서 태어난 아들이 출가에 장애가 되었다는 의미로 부처가 장애 라훌라라 이름 지었다. '세속을 떠나서는 안 된다'고 압박하는 아들의 존재라는 의미에서 족쇄/장애 등으로 지칭하기도 한다. —《문화원형 용어사전》에서 인용. 편집자

은 밤 아이 손에 들려진 스마트폰에 만남과 대화, 놀이의 부재를 묻고 행복의 의미와 진정한 휴식을 모른다며 훈수를 두는 부모란, 아이 입장에선 얼마나 황당하겠는가.

중독이라는 주술

▶▶ 　　본격적으로 중독에 대해 이야기해보자. 중독에는 생각보다 많은 주술이 걸려 있다. 우선 인터넷 중독은 실체가 불명확한 용어다. 너무나 흔히 쓰이는 말임에도 불구하고, 인터넷 중독이라는 용어는 전문가들 사이에 합의된 개념이 아니다. 사전적 의미에서 중독은, 음식물이나 약물 따위의 독성으로 인해 신체에 이상이 생기거나 목숨이 위태롭거나 어떤 약물에 지속적이고 지나치게 의존하여 생활이나 활동을 하지 못하는 상태, 그리고 어떤 사상이나 사물에 젖어버려 정상적으로 사물을 판단할 수 없는 상태 등으로 풀이된다. 말하자면 독풀 중독이나 연탄가스 중독처럼 우발적인 사고를 제외하면, 중독은 약물이나 생각, 사물에 습관적으로 몰두하거나 지나치게 빠져들어 상식적이고 일상적인 활동이나 판단을 할 수 없는 상태를 의미한다고 할 수 있다.

　기존의 중독은 주로 코카인 중독이나 니코틴 중독, 알코올 중독 같은 특정 약물에 대한 의존, 즉 물질 중독의 차원에서 문제시되었다. 최근에는 물질 중독 외에 특정한 태도나 행동 등을 습관적이고 강박적으로 보이는 경우도 중독으로 포괄적으로 규정하여 행위 중독이라 지칭하고 있다. 행위 중독은 도박 중독, 음식 중독, 섹스 중독, 쇼핑 중독, 일중독, 공부 중독 등을 예로 들 수 있다. 행위 중독의 개념을 적용하면 지식 중독, 속도 중독, 친구 중독, 독서 중독 등과 같은 각종의 노력 중독과 강박적인 편집증도 포함될 수 있다.[7]

인터넷 중독은 일종의 행위 중독이라고 할 수 있다.[8] 행위 중독으로서 인터넷 중독은 게임 중독, 소통 중독, 음란물 중독 등의 유형으로 나뉜다. 남자 청소년들은 게임 중독, 여자 청소년들은 SNS에 빠져드는 소통 중독 경향이 좀 더 높은 것으로 알려져 있다. 또한 스마트폰 이용 확산에 따라 청소년의 음란물 접촉이 손쉬워지면서 음란물 중독 문제도 청소년 인터넷 중독 관련 문제로 크게 부각되고 있다. 실제로 청소년들이 성인용 프로그램을 접하는 통로로는 잡지나 케이블 TV 같은 매체보다 스마트폰이 더 많이 활용되는 편이다.

그런데 행위 중독으로서 인터넷 중독이라는 용어는 전문가들 사이에서도 의견이 분분한 개념이다. 인터넷 중독은 1995년 이반 골드버그[Ivan Goldberg]가 병리적이고 강박적이고 과도한 인터넷 사용을 정신질환의 일종으로 지칭한 용어다. 대중적으로 쓰이고 있지만 개념적으로 엄밀한 용어가 아니며 합의된 개념도 아니다. 실제로 인터넷 중독은 표준화된 국제 질병 코드가 없으며 정신질환의 진단에 있어 가장 널리 사용되는 '정신질환 진단 및 통계 편람 [DSM](Diagnostic and Statistical Manual of Mental Disorders)'에도 포함되어 있지 않다.

전문가들 사이의 합의 부재나 견해차뿐만 아니라 관련기구나 기관, 이해관계 집단의 인식 차 역시 크다. 예컨대 정부기관인 여성가족부는 아동·청소년에 대한 인터넷의 부정적인 영향력을 심각하게 여겨 인터넷 중독 개념을 타당한 것으로 본다. 이에 비해 게임 산업계는 인터넷의 일상적인 사용을 중독 개념으로 파악하는 것은 과도한 개념 적용이라고 보고 '과몰입'이라는 용어를 선호한다.

중독이라는 용어가 몰입에 비해 부정적인 함의를 갖고 있는 것은 사실이다. 그래서 병리적 의미가 강한 중독이라는 말 대신, 인터넷의 일반적인 사용과는 다른 과도하고 지나친 사용이라는 의미로 과몰입이라는 용어를 제한적으로 쓰는 경우도 있다. 하지만 과몰입이라는 용어 역시 부적절하다. 긍정적 의미의 몰입이든 부정적 의미의 중독이든, 공통적으로 '과다함'은 기본값이므로 마치 '역전앞'이나 '족발' 같은 잘못된 동어반복이라고 할 수 있다. 이 과다함을 어떻게 볼 것인가에 대한 시각과 입장의 차가 뚜렷하다.

이는 약물 중독에 비해 행위 중독의 개념이 지나치게 포괄적이고 사회적 관습이나 규범에 따라 가변적인 성격을 띠기 때문이다. 약물 중독에 비해 행위 중독은 이것이 몰입인지 병리적 의존인지 명확하지 않을 때가 많다. 매일 누군가를 보고 싶어 한다면 이것은 몰입인가, 중독인가. 하루 대부분의 시간을 공부하는 데 보내는 수험생은 몰입 상태인가, 중독 상태인가.

어떤 행위를 중독으로 볼 것인가의 기준은 그 사회가 정상으로 여기는 사회적 관습이나 문화적 규범으로부터 자유롭지 않다. 누구나 알고 있는 개미와 베짱이 우화를 통해 생각해보자면, 개미는 뜨거운 여름 뙤약볕 아래서도 쉬지 않고 일하는데 베짱이는 시원한 그늘에서 하루 종일 기타나 튕기며 노래를 부른다. 그해 겨울밤 베짱이의 배고픈 방문을 뿌리친 개미의 비정함은 일단 논외로 하고, 베짱이의 입장에서 한번 생각해보자. 베짱이는 개미가 일할 때 하루 종일 기타 치며 노동요를 불러댔다. 가끔 노래방에 가서 노래 한 자락 뽑는 일은 스트레스도 풀리고 신나는 일일 수 있겠지만, 매일 지속적으로 노래 부르기는 놀이가 아니라 일이다. 그늘에 앉아 하루 종일 노래 부르기가 베짱이가 가장 잘할 수 있는 일이었던 셈이다.

아침부터 잠들 때까지 일만 생각하는 사람은 일중독자라는 말 대신 왜 성실한 사람으로 여겨지는가. 일중독은 사회적으로 긍정적인 평가를 받는데 노는 일에 힘쓰는 베짱이들은 왜 비난받는가. 끊임없이 자기개발에 힘쓰는 사람들은 노력 중독에 빠진 것인가 아니면 일자리를 유지하고 얻기 위한 자발적인 강제 노역 중인가. 이처럼 행위의 차원에서 무엇이 중독이고 어디까지가 중독인지를 공평하고 타당하게 사회적으로 합의하는 것은 매우 논쟁적이다.

무엇보다 현재 인터넷 중독 지수는 지나치게 과잉 해석되고 과장되는 경향이 있다. 공식적인 인터넷 중독 통계에 따르면, 현재 인터넷 중독 측정 척도는 인터넷 중독 집단을 집중치료가 필요한 '고위험군'과 상담 개입이 필요한 '잠재위험군'으로 구분한다. 고위험 사용자군은 금단, 내성, 일상생활장애를 모두 보이는 경우이며, 잠재적 위험 사용자군은 금단, 내성, 일상생활장애 중 1가지 이상의 증상을

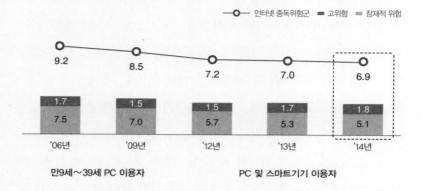

전체 인터넷 중독 현황

— ○— 인터넷 중독위험군   ■ 고위험   ■ 잠재적 위험

9.2	8.5	7.2	7.0	6.9
1.7	1.5	1.5	1.7	1.8
7.5	7.0	5.7	5.3	5.1
'06년	'09년	'12년	'13년	'14년

만9세~39세 PC 이용자   PC 및 스마트기기 이용자

보이며 사용 조절력이 감소하는 경우로 정의하고 있다.

  그런데 미래창조과학부와 한국정보화진흥원의 《2014년 인터넷 중독 실태 조사》를 보면 인터넷 중독률은 고위험군과 잠재위험군을 모두 산술 합산하여 제시하고 있다. 이에 따라 전체 인터넷 중독률은 2014년 기준 총 6.9퍼센트지만 이 가운데 고위험군은 1.8퍼센트이다. 전체 인터넷 중독률은 2006년의 전체 인터넷 중독률 9.2퍼센트와 비교하면 낮아졌지만 고위험군 1.7퍼센트와 비교하면 변화가 미미하다. 행위 중독의 한 유형인 도박 중독와 비교할 때도 그렇다. 도박 중독은 2010년 기준 6.1퍼센트이며, 이 가운데 중위험 도박은 4.4퍼센트이고 문제성(병적) 도박은 1.7퍼센트다. 도박 중독과 인터넷 중독의 전체 중독률은 물론 고위험군의 차이가 서로 비슷한 점을 고려하면, 인터넷 중독에 대한 강조는 과도하고 지나치다.

주요국 도박 중독 유병률 현황

구분	발표기관/저자	연도	측정도구	도박중독 유병률		비고
				중위험 도박(문제성 도박)	문제성 도박(병적 도박)	
				%	%	
한국	사행산업통합감독위원회	2010	CPGI	4.4	1.7	-
	한국마사회	2009	CPGI	5.3	1.6	-
			NODS	1.2	0.9	
	사행산업통합감독위원회	2008	CPGI	7.2	2.3	
	문화체육관광부	2006	CPGI	4.9	1.6	-
			SOGS	2.5	4.1	
뉴질랜드	Abbott & Volberg	2000	SOGS	0.9	0.5	-
독일	Buth & Stover	2008	DSM-IV	0.6	0.6	-
미국	Boardman et al.	2003	DSM-IV	0.7	0.5	Kentucky
	Welte et al.	2002	DIS	2.2	1.3	-
	Volberg	2003	NODS	0.7	0.3	Arizona
			SOGS	1.6	0.7	
	Volberg et al.	2006	NODS	0.9	0.4	California
스웨덴	VolBerg et al.	2001	SOGS	1.4	0.6	-
스위스	Bondolfi et al.	2000	SOGS	2.2	0.8	-
영국	Wardle et al.	2007	CPGI	1.4	0.5	-
			DSM-IV	0.3	0.3	
캐나다	Ladouceur et al.	2005	CPGI	1	0.7	Quebec
			SOGS	0.9	0.9	
	Brian J Cox et al.	2005	CPGI	1.1~2.3	0.4~1.0	-
	Wynne	2002	CPGI	4.7	1.2	Saskatchewan
호주	Gill et al.	2006	SOGS	1.5	0.5	-
	Queensland Goverment	2006	CPGI	2	0.55	Queensland
마카오	Ka-Chio Fong & Orozio	2005	DSM-IV	2.5	1.8	-
홍콩	Wong & so	2003	DSM-IV	4	1.8	-

＊자료출처 : 사행산업통합감독위원회. 2011.《사행산업 관련 통계》

인터넷 중독 관련 측정 척도들이 계속 수정·보완되고 있지만, 인터넷 중독의 고위험군을 잠재위험군과 묶어 인터넷 중독률로 제시하는 것은 통계적 크기에 대한 착시 현상을 불러올 수 있다는 점에서 개선할 필요가 있다. 잠재위험군을 상담치료 등의 개입이나 중독 요인 등을 개선하는 노력으로 일정 효과를 거둘 수 있는 집단이라면, 고위험군은 말하자면 증상이 다시 발생하고 지속할 가능성이 높은 병리적 환자군에 가깝다. 현상적으로 적은 수치라 하더라도 유의미하게 고려하는 것은 바람직하고 필요한 일이지만 과다할 정도로 부풀리는 건 의혹을 받을 수 있다.

아이들을 환자로 만드는 낙인

▶▶   중독이라는 디지털 시대극에서 주인공은 늘 청소년이다. 중독에는 언제나 사회적 편견과 낙인이 뒤따른다는 점에서 인터넷 중독이라는 사회적 드라마는 부조리극이며 청소년에게 맡겨진 인터넷 중독자라는 배역은 디지털 주홍글씨나 다름없다.

청소년의 디지털 사용은 '지나친 사용' 혹은 '중독'이라는 수식어를 거의 항상 동반한다.[9] 청소년의 디지털 과다사용이 갖는 역기능이나 폐해에 대한 우려는 인터넷 중독이나 게임 중독, 스마트폰 중독과 관련된 대중매체의 보도나 관련 정부 당국의 정책 노력이라는 이름으로 가시화된다.[10] 각종 매체와 정책 당국은 청소년의 지나치고 과도한 인터넷 사용이 컴퓨터 게임에 대한 강한 몰입 및 타인 정보의 무단 도용, 사이버 불링cyber bulling* 같은 일탈 행동으로 이어질 수 있다는 점을 집중적으로 부각한다. 이러한 입장은 성인과 달리 청소년이 과도기적 존재, 즉 정신적인 면이나 신체적인 면에서 불완전하고 미성숙한 상태라는 점을 전제하고 있다.

청소년의 인터넷 중독에 대한 우려와 인식이 정당한 것인지에 대해서는 이론의 여지가 많다. 청소년의 인터넷 중독률이 성인보다 높은 것은 사실이다. 물론 상대적으로 그렇다. 《2014년 인터넷 중독 실태 조사》에 따르면 청소년의 인터넷 중독률은 잠재위험군까지 포함하여 12.5퍼센트이며, 이중 중독질환으로서 집중 관리와 치료가 필요한 고위험군은 2.9퍼센트다. 성인 인터넷 이용자 중 인터넷 중독률은 5.8퍼센트며 고위험군은 1.6퍼센트, 이 가운데 '성인'으로 분류되는 20대 청년층의 경우에는 인터넷 중독률이 11.6퍼센트, 고위험군은 3.7퍼센트로 10대보다 오히려 높다. 그럼에도 20대 청년층의 인터넷 사용은 중독 문제를 중심으로 언급되지 않는 반면, 10대 청소년의 인터넷 사용은 중독 가능성과 항상 그리고 반드시 결부

---

* 사이버 불링은 이메일, 인스턴트 메신저, SNS, 휴대전화 등 디지털미디어를 사용해 온라인 공간에서 욕설, 험담, 허위 사실 유포, 따돌림, 음란물 전송 등으로 상대방을 괴롭히는 현상으로, 청소년의 스마트폰을 통한 SNS 사용이 증가하면서 그 피해 유형도 다양화되고 있다. 카카오톡 알림이 수시로 울려대고 채팅방을 나가도 끊임없이 다시 초대해서 벗어날 수 없게 만드는 '카톡 감옥', 카카오톡 채팅에서 집단 따돌림을 하는 '카따', 떼를 지어 욕을 하는 '떼카', 채팅에 초대한 뒤 한꺼번에 나가버려 피해 청소년만 남기는 '카톡방폭'(대화방 폭파)이 대표적이다. —《중앙일보》 2014년 9월 2일자 사설 참조

되는 경향이 있다.

청소년의 미래를 고려할 때는 수치의 높낮이에 관계없이 각종 중독 문제에 사회적 관심을 둘 필요가 있다. 하지만 청소년의 인터넷 사용을 중독의 관점에서 바라보는 것은 사회적 편견이자 낙인이다. 청소년의 인터넷 사용을 중독이라는 부정적 측면으로 접근하는 것은 청소년을 보호나 관리가 필요한 수동적 대상으로 간주하는 결과를 빚는다. 하지만 청소년이 성인에 비해 경험이 부족한 것은 사실이라 해도, 청소년에게 내재된 능력이 성인과 다르다거나 못하다고 할 실질적 증거는 없다. 오히려 급속한 사회 문화적인 변화 속에서 청소년은 성인보다 더 많은 경험적 상황에 직면하고 대응하는 중일지도 모른다.

중독의 관점에서 청소년의 디지털 사용을 바라볼 때 가장 큰 문제는 모두가 대화불능인 상태에 빠져들게 된다는 것이다. 치유와 관리 대상인 환자와는 실질적인 대화를 진행하기 어렵다. 병리 상태의 환자에게 필요한 것은 증상에 대한 즉각적인 약물적·행동적·상황적 처치이지 대화를 통해 의논하거나 이해를 도모하는 것이 아니기 때문이다. 청소년을 병적 문제를 지닌 중독자로 보는 시각에는 대상-환자에 대한 치료 책임자라는 감시적인 시선이 전제되어 있다. 아이들의 스마트폰 사용을 지켜보는 부모의 심정이 불편하고 아이들 역시 불쾌해하는 이유다.

한국의 부모들은 아이들이 한눈팔지 않고 공부 열심히 하고 잘하기를 바란다. 방에 들어간 아이가 공부하는지 궁금해 간식을 준다는 평계로 들어가본다. 학습서만 열심히 보고 있다면 다행이지만 혹여 딴짓이라도 하는 아이를 볼라치면 알 수 없는 화가 스멀스멀 난다. 취조실의 반투명 유리처럼 벽 너머 아이 방을 훤히 들여다보고 싶은 유혹이 끊이지 않는다. 아이들은 기가 막힌 동물적 감각으로 이런 부모의 감시 유혹을 알아차린다.

인터넷 중독이라는 디지털 시대극에서 인터넷이나 스마트폰은 청소년의 일상적 사회 문제를 일으키는 원인으로 지목된다. 하지만 청소년의 인터넷 중독은 인터넷이나 스마트폰의 남용이라는 단일 원인에서 빚어진 문제가 아니다. 이것은 보다 복합적이고 구조화된 요인들과 관련되어 있다.

인터넷 중독 상태의 청소년은 인터넷 중독에 앞서 가정과 학교, 교우관계 등에서 다양한 문제 상황에 동시에 놓여 있는 경우가 허다하다. 인터넷 중독이 원인이 되어 가족 내 갈등과 불화를 가속시키는 것으로 보지만, 실제에 있어서는 그 선후 인과관계는 분명하지 않다. 가족이 처한 빈곤 문제나 부모의 권위적 훈육, 가족 내 비민주적 소통구조 같은 문제 상황이 청소년의 인터넷 중독을 초래하고 심화시키는 경향이 있기 때문이다. 실제로 인터넷 중독 진단을 받은 아이와 부모가 함께 참여하는 중독 치유 캠프에도 하루하루 먹고 사는 문제 때문에 참석하지 못하는 경우도 있다. 아이들의 스마트폰 사용에 지나치게 과민하거나 이미 자녀와의 대화 단절 문제가 있는 가정이라면, 아이와 부모의 갈등은 더욱 커진다.

빈곤이나 가족 상황뿐만 아니다. 우리나라 청소년의 인터넷 중독은 학업과 여가의 불균형이라는 구조화된 문제와 떼려야 뗄 수 없다. 통계청·여성가족부가 발표한 《2015 청소년 통계》에 따르면 청소년들의 가장 큰 고민거리는 공부다. 청소년의 가장 큰 사망 원인은 고의적 자해, 즉 자살이며 자살충동을 느낀 아이들은 성적이나 진학을 가장 큰 요인으로 든다. 청소년들은 인터넷에 빠져드는 요인으로 과도한 학업 부담, 여가 활동의 부족 등을 꼽고 있으며, 이것의 해결 방안으로 여가 활동의 활성화와 입시 위주의 교육환경 개선을 가장 필요한 대안으로 꼽는다.[11]

어른들은 자신들이 아이들의 중독에 주의를 기울이는 것은 현명하고 바람직한 디지털 사용을 돕기 위한 각별한 관심이라고 강변한다. 하지만 중독을 통해 디지털 사용을 들여다보는 것은 낙인이자 편견이며 실제로는 비관심非關心이다. 부모는 학교와 사회를 향해 아이에게서 인터넷과 스마트폰을 빼앗아달라고 요청한다. 하지만 내 아이가 인터넷과 스마트폰에 몰두하고 있다면, 부모로서의 최우선적 행동은 아이가 관심을 쏟는 대상이 무엇인지 알아보고 관심을 공유하는 것이지 무작정 뺏고 볼 일이 아니다.

디지털 아이들에게 자유를 허하라

▸▸   부모들은 특히 더 이상 아이와 갈등을 겪고 싶지 않다며 중독 관리 기구로서 국가와 제도가 적극 개입해줄 것을 요청하기도 한

다. 각종 스마트폰 중독 관련 토론회에서 부모들은 스마트폰 때문에 아이와 매일 전쟁 아닌 전쟁을 치르고 있다며 하소연한다. 그러면서 이런 전쟁 같은 갈등 상황을 부모에게만 맡겨두지 말고 정부와 학교 당국이 악역을 대신해달라고 하소연한다. 강제적 셧다운제나 게임 중독법, 스마트보안관 등은 이러한 부모의 제안에 조응하여 국가가 적극 개입하겠다고 나선 중독 관리 프로그램이다.

이미 2011년부터 시행되고 있는 셧다운 제도는 청소년보호법 제 2조에 근거하여 청소년 유해매체물로부터 청소년을 보호한다는 취지로 만들어졌으며 인터넷 중독 예방을 그 목적으로 내세우고 있다. 만 16세 미만의 청소년을 대상으로 밤 12시부터 오전 6시까지 인터넷 게임의 접속을 강제로 셧다운하는 기술적 조치를 실시하는 것으로, 이는 청소년보호법 제26조에 명시되어 있다.

셧다운 제도는 이로 인해 직격탄을 맞은 게임 산업계의 반발은 물론이고, 그 실효성에도 의문이 제기되어왔다. 신데렐라법이라고 불리기도 한 셧다운제는 청소년의 사생활권과 부모의 양육권을 침해한다는 비판은 물론이고, 청소년의 성인 주민등록번호 도용을 야기하고 게임에 대한 집착을 더욱 강화하는 부작용을 더 크게 만든다는 비판도 끊이지 않고 있다.

셧다운제에서 한 발 더 나아간 게임중독법(중독 예방 관리 및 치료를 위한 법률안)은 게임을 아예 술, 마약, 도박과 같은 4대 중독 유발 물질로 규정하고 게임이라는 중독 물질의 생산, 유통, 판매를 관리할 권한을 중앙행정기관이 갖는다는 내용이 포함되어 있다. 이 역시 게임업계의 반발과 함께, 지나친 중앙통제식 관리라는 점에서 논란을 빚으면서 법안으로 처리되지 못했다. 하지만 그 불씨는 여전히 남아 있다.

스마트폰 규제 서비스인 스마트보안관은 부모가 자녀의 스마트폰을 관리하는 서비스로 자녀와 부모 스마트폰에 앱을 깔아 원격 관리하는 방식이다. 청소년들의 유해정보 접촉과 인터넷 중독을 막는다는 취지로 2012년 6월부터 무료로 보급되고 있다. 스마트보안관을 깔면 부모는 음란물 정보를 차단할 수 있고, 자녀가 방문한 웹사이트 목록과 설치 앱, 이용 시간, 앱 사용 여부까지 모두 확인할 수 있다.

하지만 스마트보안관은 기본적으로 청소년 개개인의 자율권과 프라이버시를 지나치게 침해한다는 문제를 안고 있다. 최근에는 치명적인 보안 결함까지 발견되었다. 토론토 대학교 뭉크 스쿨 글로벌상황연구소 산하 시티즌랩Citizen Lab과 보안감사 전문 회사인 큐어Cure53은 스마트보안관 앱 사용자의 전화번호, 생일, 웹 방문기록 등 개인정보가 해커에게 완전히 노출될 수 있다고 경고하고 있다.[12] 이 보고서가 나온 직후 구글 플레이스토어에서 스마트보안관 앱은 삭제되었지만, 스마트보안관 웹사이트는 여전히 운영되고 있으며 방통위는 기존 스마트보안관 사용자들에게 유사 앱을 사용할 것을 권고하고 있다. 하지만 시티즌랩 연구진은 스마트보안관을 대체하는 유사 앱 역시 보안 결함 문제를 마찬가지로 안고 있다고 경고한다.

중독 관리 기구를 통해 아이와의 디지털 갈등을 해결하겠다는 바람은 부모의 의무는 물론 권리나 권한도 동시에 내려놓아버리는 수동적인 자세다. 무엇보다 청소년의 입장에서 자유와 사생활권을 존중받지 못하고 박탈당하는 경험은 비교육적이고 반인권적인 경험이다. 유보된 자율성은 시간이 지난다 해도 저절로 회복되지 않는다. 오히려 내적 상처를 남기거나 창의적 성장을 가로막는 요인이 될 수 있다.

또한 아이들의 인터넷 및 스마트폰 사용을 유해환경 차단이나 중독이라는 관점에서 접근하고, 그 사용 범위와 방식을 규제적이고 통제적 방식으로 관리하려는 지금의 방식으로는 아이들과의 디지털 갈등 문제를 풀어가기 어렵다. 청소년의 디지털 사용을 규제와 통제 방식에 의존하는 것은 오히려 부모와 자녀 간의 디지털 갈등을 돌이킬 수 없는 파국으로 몰아갈 가능성이 더 크다.

이솝우화 〈해와 바람〉을 떠올려본다. 입고 있는 외투를 벗기려고 바람의 강도를 세게 하면 할수록 나그네는 외투를 움켜쥐려고 더 안간힘을 쓴다. 부모와 사회의 어른들이 게임과 스마트폰을 뺏으려고 할수록 아이들은 우리 눈에 띄지 않는 또 다른 방법으로 지킬 방법을 찾아낼 것이다. 이러한 방식은 단기간은 효력이 있을지 모르지만, 자기 의사과 관계없이 관리와 통제당하는 상황을 뿌리치려는 극단적 행동으로 나타나거나 주체할 수 없는 무력감으로 내재화될 수 있다. 규제 중심의 강압적이고 통제적인 방식은 결코 해법이 될 수 없다.

집과 학교는 물론 온라인 공간에서 디지털 아이들을 통제하는 관리자가 된다는 것은 고단할 뿐 아니라 불가능하다. 감시의 시선으로 접근하는 대신, 아이들은 물론 어른들 역시 낯설게 맞이하고 있는 디지털 세상의 풍경을 제대로 이해하는 것이 먼저다. 디지털 세계가 어떻게 변해가고 있는지, 사람들은 디지털 매체를 어떻게 사용하고 있는지, 그리고 각자 디지털 사용에 어떤 구체적 의미를 부여하고 있는지에 대해, 제대로 된 호기심과 관심에서 다시 출발해보자.

PART
02

디지털 풍경
다시 보기

모바일 세계의
일상화

떠나지 않으면서 움직이는

▸▸   디지털 세계에서 사람들은 모바일 인터넷과 스마트기기를 매개로 끊임없이 이동한다. 이것은 스마트폰을 손에 들고 움직이는 물리적 이동의 증가만을 의미하지 않는다. 디지털 세계에서 사람들은 '떠나지 않으면서도 움직이는' 독특한 이동 감각을 경험한다. 즉, 사람들은 모바일 인터넷과 스마트폰을 매개로 움직이지 않으면서 움직이고, 만나지 않으면서 만나고 있다.

사람들은 서로 직접 대면하고 있는 중에도 스마트폰을 매개로 대면하지 않는 또 다른 사람이나 집단과도 만날 수 있다. 오랜만에 친구와 만나고 있는 상황을 떠올려보자. 반가운 인사도 나누고 이러저러한 그간 소식도 얘기하다 친구 혹은 그 장소를 사진으로 찍어서 메신저나 소셜서비스를 통해 다른 친구들에게도 이 만남을 알린다. 장소를 공유하는 면대면 상태가 아닌 친구들도 마치 함께 만난 것처럼 인사와 안부를 전한다.

지금껏 함께 있다는 것은 물리적 장소를 공유하는 것과 대체로 일치했지만, 모바일 세계에서는 반드시 그렇지만은 않다. 함께 있다는 공현존co-presence의 감각에서 물리적 장소가 갖는 의미는 디지털 세상에서는 약화된다. 장소의 의미가 사라진다는 것이라기보다는 오히려 공간의 확장이나 새로운 변형의 관점에서 이해하는 편이 더 현실적이다.[13]

예컨대 이동하는 세계의 확장은 집과 직장, 사회생활 사이에 있는 다양한 '사이공간in-between space'•을 형성한다.[14] 도시에서 사이공간은 집과 집 사이의 길, 그리고 건물과 건물 사이의 그늘지고 협소하고 쓸모없는 공간 정도로 여겨져왔다. 하지만 사이공간은 무의미한 잉여공간이 아니라, 공간 사이의 분리와 연결이 일어나는 공간이다.

얼마 전 경북 안동의 어느 초등학교는 신입생들을 고급아파트와 임대아파트로 나누어 줄을 세운 일로 사회적으로 큰 지탄을 받았다.

• 기존의 공간 연구에서 사이공간은 장소에 대비되는 비장소에 가까운 것으로 논의되었다. 장소가 역사적으로 위엄 있고 공유된 체험이 존재하는 의미 있는 곳이라면, 비장소는 목적지나 의미 있는 장소를 가기 위해 일시적으로 거쳐 가는 통행지역이나 통로지역으로, 항공로, 철로, 도로, 객실, 공항, 철도역, 호텔 체인, 레저파크, 대규모 아울렛 등을 그 예로 들 수 있다.

이 줄 세우기가 공분을 자아낸 것은 두 아파트 사이에 놓인 길이 단순한 거주지의 구분이 아니라 사람들 사이의 분리와 단절을 공공연하게 조장하는 경계선으로 작용하고 있었기 때문이다.

반대의 경우도 있다. 도시공간 속 새로운 활력 만들기에 관심을 갖는 사람들은 사이공간이 단절된 도시공간을 연결하고 사람들의 소통을 매개할 수 있는 가능성을 지니고 있다는 점에 주목한다. 도심 빌딩숲 사이에 휴식공간을 마련한다든지, 건물 사이의 담 헐기를 통해 녹지, 소통 통로, 쉼터, 생활체육시설 등을 설치하는 움직임 등이 그러한 예들이다.

이 상반된 사례들은 사이공간이 경계들 사이를 분리하는 공간이면서, 경계와 경계 사이를 연결하는 공간이라는 것을 보여준다. 다시 말해 사이공간은 단순히 '버려진, 쓸모없는, 주변의, 어두운, 보잘 것 없는' 공간이 아니라, 장소와 사람과 사물을 분리하거나 혹은 연결하는 매개체의 역할을 할 수 있다. 즉, 사이공간은 어떤 특정한 장소나 공간이 주변과의 분리나 연결을 통해 완전히 다른 모습을 띨 수 있다는 것을 보여준다.

인터넷은 그 자체가 또 다른 공간이면서 사이공간이다. 인터넷 이전에는 글을 쓰기 위해 자료나 논문을 찾으려면 반드시 도서관에 가야 했다. 가까운 도서관에서 구하기 힘든 자료나 외국문헌은 국회도서관에 복사서비스를 신청하고 등기우편으로 도착할 날만 기다려야 했다. 이제는 여기저기 움직이며 도서관 서고를 뒤질 필요도 없다. 디지털 아카이빙이 확장되면서 전자도서관을 통해 어디서나 원

문서비스를 이용할 수 있고 구글의 고급검색이면 웬만한 자료는 대부분 구할 수 있다. 내가 접속하는 곳이 또 하나의 도서관이 되고, 웹을 통해 장소의 경계 없이 어느 곳이든 쉽고 편리하게 연결될 수 있는 것이다.

이렇듯 인터넷은 연결을 통해 오프라인과 다른 새로운 공간을 만드는 한편, 온라인과 오프라인이라는 서로 다른 두 공간이 상호 연결되는 경험을 제공한다. 관계적 공간이자 사이공간으로서 인터넷이 주는 함의는 경계들 사이의 구분이 더 이상 명확하지 않다는 것이다.

유연한 경계 : 서로를 느끼지만 불확실한

▶▶ 　　　경계 구분이 흐려지는 것은 공간뿐만이 아니다. 지금까지 인간의 몸은 가장 확실한 실체로 여겨왔지만 디지털 기술의 진화는 몸의 안팎마저 모호하게 만들고 있다. 몸과 일체가 되는 웨어러블 스마트기기가 대표적인 예다. 최근 프랑스의 디자인 회사 시크릿 Cicret은 웨어러블 기기 제품 'Cicret Bracelet'의 티저 영상을 공개하였다. 이 디지털 팔찌는 손목에 차고 다니는 팔찌 형식의 스마트폰으로 물속에서도 이용할 수 있으며, 팔찌의 미니 빔 프로젝터를 통해 팔뚝에 스마트폰 스크린이 나타나고 이를 터치하면 사용할 수 있다. 아직 개발 진행 중이긴 하지만 기존의 스마트폰보다 비싸지 않

은 가격에 제공될 이 팔찌를 차면 이동전화를 갖고 다니지 않아도 되는 것이다.

디지털 세계에서는 정보의 발신자와 수신자 사이의 경계도 명확하지 않다. 텔레비전 뉴스에서 정보의 제공자와 소비자는 구분되지만, 디지털 미디어에서 이런 이분법은 약화된다. 쌍방향성이 가져온 가장 큰 변화는 누구나 대꾸할 수 있다는 것이다. 예컨대 인터넷 기사에 댓글을 다는 건 전혀 어색한 일이 아니다. 심지어 사람들은 웹 기사의 내용을 보기도 전에 댓글부터 확인하기도 한다. 기사 내용이 뻔할 때, 기사만 보고 판단 내리기가 애매할 때, 나와 같거나 다른 생각은 무엇인지 궁금할 때 이를 해소하는 데 댓글이 도움이 되기 때문이다. 기사의 오탈자를 바로잡거나 기사 내용을 반박하는 댓글도 이제는 일상적인 행위가 되었다.

예컨대, 얼마 전 한 종편 방송에서 필리핀 세부행 소형 여객기가 출입문 고장으로 긴급 회항했다는 인터넷 기사를 송출했다. 급강하 속 승객들의 극심한 공포와 함께 항공유를 배출하는 장면이 목격됐다는 내용까지 함께 전했다. 그러자 기사에 달리기 시작한 댓글은 항공기 안전관리 문제를 지적하는 한편, 해당 항공기는 소형여객기이므로 연료배출장치가 없다며 정확한 사실 확인을 촉구했다. 연료배출장치가 없는 여객기라는 확인은 다음날 다른 매체를 통해 한 발 늦게 이루어졌다.

그런데 인터넷을 매개로 이뤄지는 쌍방향 소통은 단순한 말대꾸의 가능성을 넘어선다. 디지털 소통의 가장 중요한 의미는 거대한 세계와 마주하고 있는 익명의 개인들 각자가 서로를 알고 느낄 수 있도록 한다는 것이다. 예컨대《사람들은 어떻게 광장에 모이는 것일까》의 저자 마이클 최는 익명의 다수가 어떻게 광장에 모일 수 있는가라는 질문에 공유지식Common Knowledge으로 답한다. 공유지식은 단순히 정보를 공유하고 있다는 것이 아니라 내가 안다는 사실을 당신이 알고, 당신이 안다는 사실을 내가 알고, 나도 알고 당신도 안다는 사실을 서로가 아는 상태를 의미한다.

이러한 정보와 지식의 유기적인 연쇄는 특정한 방식의 집단 감정을 만들고 사회적 행동으로 이어질 수 있는 전제로 작동할 수 있다. 쌍방향 소통에 기반을 둔 공유지식은 공포영화 〈나는 네가 지난여름에 한 일을 알고 있다〉의 제목이 그토록 아찔한 이유를 설명한다. 이 제목이 주는 살벌함이 가장 증폭되는 시점은 지난여름에 벌어진 어떤 일 자체가 아니라, 상대방이 그 일을 알고 있다는 것을 내가 알고, 이 사실을 상대방 또한 알았다는 걸 나도 알게 될 때다.

물론 경계가 해체된 온라인 공간에서 이뤄지는 다양한 말대꾸, 그리고 소통을 통해 끊임없이 확장되는 공유지식이 집단지성이라는 합리적 결과를 가져올 것이라는 건 '그랬으면 하는' 바람일 뿐 확정지을 순 없다. 끊임없이 표현하고 노출되고 판단하고 인정되는 소통의 순환 속에 놓인 디지털 세계는 언제나 예측불가능하다. 그래서 적절한 선택을 위한 노력으로서 더욱 소통이 필요하다.

새롭지만 낯설지 않은

▶▶　　　인터넷과 모바일폰은 더 이상 충격이나 낯섦이 아니라 익
숙함이자 평범함이다. 일상 곳곳에서 디지털은 이미 포화 상태에 이
르렀으며 거대한 삶의 풍경을 이룬다. 집과 직장은 물론이고 버스
와 지하철, 거리 곳곳에서 누구라 할 것 없이 인터넷과 모바일폰을
사용한다. 인터넷 없이 하루를 지내기란 얼마나 어려운가. 깜박하고
모바일폰을 집에 두고 나온 날은 얼마나 답답하고 심지어 불안하기
까지 한가. 디지털은 우리의 일상 깊숙이 들어와 어느새 나와 한 몸
이 되고 마음마저 사로잡고 있다.

그런데 디지털 풍경이 보여주는 변화는 과거에는 없던 새로운 것
같으면서도, 이상하게도 완전히 낯설지 않은 그런 느낌을 준다. 이
기시감은 기술과 연관된 오래된 상상과 연관돼 있다. 사람들은 언제
나 새로운 기술이 가져올 앞으로의 모습을 상상해왔다. 그것은 기대
와 불안이라는 양면을 모두 갖는 것이었다.

과학영화Science Fiction Film는 기술에 대한 양가감정을 재현하는 가
장 대중적인 방식이다. 과학 장르의 글이나 소설을 시각화한 과학영
화는 흔히 공상과학영화라고 불리지만 비현실적인 것을 의미하는
'공상空想'은 정확한 표현이 아니다. 최초의 과학영화는 1927년 오스
트리아 출신 감독 프리츠 랑Fritz Lang이 만든 〈메트로폴리스〉로, 과학
영화의 발전에 지대한 영향을 끼친 작품으로 평가받는다. 영화 〈메
트로폴리스〉에는 어두운 지하세계에서 기계적인 노동을 반복하는

프롤레타리아와 이들을 지배하는 밝고 화려한 지상세계의 지배집단이라는 두 집단이 등장한다.

거의 한 세기 전 영화의 배경으로 등장하는 미래의 기술사회지만 현재와 비교해도 전혀 낯설지 않다. 도시의 지상에는 끝이 보이지 않는 자동차 행렬과 하늘을 유유히 움직이는 비행선들과 그 사이로 솟구친 높고 거대한 빌딩들이 있으며 여기에는 풍요와 쾌락이 넘쳐난다. 도시의 지하에는 거대한 엘리베이터가 노동자들을 일터로 집단적으로 실어 나르고 노동자들은 기계의 부속품처럼 매달려 살아간다. 우연히 지하세계로 내려가 기계처럼 일하게 된 지배자의 아들은 "아버지, 10시간 근무는 너무 과해요"라며 고통스럽게 탄식한다.

이 영화는 기술사회의 파국적 가능성을 보여주면서도 기계를 파괴하거나 제거하는 것이 대안이 아니라고 말한다. 뒤틀린 욕망을 가진 과학자 로트방은 사람과 똑같아 보이는 사이보그를 만들고 지하도시 노동자를 선동하여 지하도시의 중앙기계장치를 파괴한다. 이를 막으려던 노동자는 동료들에게 "기계가 죽으면 당신들도 죽어요"라고 경고한다. 나아가 영화는 지하도시의 노동자는 손으로, 지상 바벨탑의 지배자는 머리로 비유하면서, 이 손과 머리를 중재하는 것은 심장이라고 결론짓는다. 상당히 이분법적이고 동화적인 마무리에 가깝지만, 대립적 파국 대신 조절과 균형의 가능성을 최종적으로 선택한 것이라고 볼 수 있다.

잘 보이지 않는 '보이지 않는 손들'

▶   이동성이 증가하고, 상이한 경계가 해체되고 다시 연결되고, 누구나 어디서든 소통할 수 있는 디지털 일상의 확산은 새로운 기술이 가져온 특징으로 여겨진다. 미래주의자들은 여기에서 한 발 더 나아가 기술발전의 속도가 급속해짐에 따라 더 이상 미래를 예측하기 어려운 특이점에 도착할 것이며, 인공지능이 인간의 지능을 뛰어넘는 2045년이 그 시점이 될 것이라고 공언한다. 현재의 무인 자동차나 무인 드론, 3D 프린터, 인공지능 로봇 등은 이런 예측을 증명하는 사례로 회자되고 있다. 이 놀랍도록 빠르고 새로운 변화들을 디지털이 이뤄낸 것으로 보는 것은 타당할까.

하지만 기술만으로 디지털 세계로의 진입을 설명하기는 불충분하다. 디지털 일상성은 무無로부터 창조된 완전히 새로운 것이 아니라 사회적이고 문화적인 형성 기반을 갖기 때문이다. 기술과 삶의 관계는 밀접하지만 언제나 직접적이지는 않다. 기술은 사회적인 것들을 직접 결정하는 것이 아니라 조건화한다. 지금의 디지털 일상 풍경은 기술의 결과라기보다는 오히려 사회적 기반 위에 구축된 것이다.

예컨대 전쟁은 기술의 발전을 촉진하는 가장 큰 동력 중 하나로, 디지털 테크놀로지 역시 전쟁 기술이라는 전통과 무관하지 않다. 디지털 정보화 사회는 제2차 세계대전 동안 연산 기능과 암호의 작성과 해석에 대한 요구, 그리고 냉전 시대 보안의 중요성 등에 의해서 그 모양새를 갖추었다.

컴퓨터의 아버지라 불리는 앨런 튜링Alan Mathison Turing을 다룬 영화 〈이미테이션 게임〉은 컴퓨터가 제2차 세계대전 당시 나치 독일의 암호기 에니그마Enigma를 해독하는 과정에서 개발된 기계장치에서 비롯된 것임을 보여준다. 존 폰 노이만John von Neumann의 에니악eniac을 실질적인 컴퓨터 개발로 보는 논쟁적인 입장도 존재하지만, 둘 모두의 공통점은 전쟁 기술로서 컴퓨터 개발이 이뤄졌다는 것이다. 노이만의 컴퓨터 에니악도 원자폭탄 개발을 위한 맨해튼 프로젝트를 수행하면서 만들어진 것이다.[15]

인터넷의 개발도 전쟁 기술과 밀접한 연관을 갖고 있다. 1969년에 개발된 인터넷의 전신인 알파넷ARPANET은 이 망의 건설에 자금을 댄 미국 국방부 첨단연구기획국의 머리글자다. 알파넷의 목적 중 하나는 분산 컴퓨터 시스템 연구로, 군사 시설 일부가 폭격 등의 사고로 기능을 잃더라도 다른 쪽은 살아남을 수 있는 컴퓨터망이 필요했던 군부의 요구를 반영하고 있다.

최근 헬리캠 혹은 멀티콥터 등 남성의 취미로 주목받고 있는 드론Drone은 키덜트kidult를 위한 새로운 장난감 정도로 여겨지지만 가장 큰 용도는 전쟁 무기이다(드론은 곤충의 수컷, 특히 꿀벌의 수컷이나 게으름뱅이, 무위도식자를 칭하는 명사이면서 지루한 이야기를 늘어놓거나 단조롭게 반복해서 작업을 계속한다는 의미의 동사이기도 하다). 드론은 무인기를 지칭하는 것으로, 공격용·정찰용 무기뿐만 아니라 일반 무선조종RC(Radio Control) 비행기나 RC 헬기 등 조종사가 탑승하지 않는 무인조종 비행장치를 포괄한다. 실제로 '새로운 미국 재단(newamerica. net)'은 '테러와의 전쟁'이란 명분 아래 자행된 미군의 드론 폭격으로 파키스탄에서 2013년 9월까지 3천 명 이상이 사망했으며 민간인 사망자도 3백여 명에 이르는 것으로 추정하고 있다. 토니에 헤센 셰이^{Tonie Hessen Schei} 감독의 다큐멘터리 영화 〈드론〉(2014)에 나오는 드론 조종사의 증언은 더욱 적나라하다.

> "처음에는 죽인다는 게 무슨 뜻인지 잘 몰랐습니다. 끔찍했어요. 가끔은 머릿속에서 계속 맴돌아요. 그러다가는…… 그 사람들이 누구였을까 생각하게 되죠. 조종석에 앉아…… 12시간씩 교대로 일했습니다. 주로 야간 근무였고, 조용했어요. 모니터에서는 불빛만 나왔어요. 남의 삶을 들여다보는 게 너무나 이상했어요. 결혼식 장면을 지켜본 적이 있는데 사람들은 행복을 시간을 보내고 있었습니다. 결혼식이었으니까요. 그 결혼식에 악당이 한 명 있었지만, 그 순간만큼은 결혼식을 즐기고 있었어요. 이상했어요. 내가 보고 있다는 걸 그자는 전혀 모르잖아요. 궁극의 엿보기였죠. 우린 관음증 환자였습니다. 잡힐 염려도 전혀 없었죠. 그리곤 그들을 죽이라는 명령이 떨어집니다. 그저 조준하고…… 클릭하면 끝이죠."

　다른 한편 디지털 일상의 풍경은 현대 문화의 흐름과도 밀접한 연관을 갖고 있다.[16] 예컨대 20세기 중반 이후 나타난 새로운 문화의 흐름은 미디어 테크놀로지의 상호작용성을 냉전 시대의 군사적 응

용을 넘어 예술적으로 활용하고자 했다.[17]

존 케이지John Cage의 1952년 작품 〈4분 43초〉는 현대 문화가 무엇을 지향하고 있는지를 보여주는 대표적인 사례다. 우연성 음악Aleatoric music으로 불리는 이 작품은 잡음과 음악, 행위자와 관객 사이의 경계를 해체하는 한편 예술작품과 관계된 내용적 요소들을 제거함으로써 상호작용성 그 자체를 전면에 내세운다. 이 작품에서 연주의 과정과 완성은 관객들이 유발하는 각종 소음과 연주를 승인하는 박수라는 참여행위에 의해 좌우된다.

1960년대 이후 요제프 보이스Joseph Beuys, 백남준, 머스 커닝햄Merce Cunningham, 로리 앤더슨Laurie Anderson 등 미술, 무용, 음악 분야의 젊은 예술가들은 대중과 예술가 사이의 경계를 해체하는 한편, 비디오와 텔레비전, 공학기술을 예술의 재료로 끌어와 기존의 예술양식과 대중매체, 테크놀로지 사이의 구분을 없애버렸다. 예컨대 미디어 아트의 창시자로 불리는 백남준은 새로운 예술적 시도를 위해 전자회로 기술도 직접 공부하고 전자공학자 슈야 아베Shuya Abe와의 교류를 통해 전자공학 테크놀로지와 예술의 접합을 도모했다.

전위 예술가 로리 앤더슨의 〈오! 슈퍼맨〉(1980)은 쥘 마스네Jule Massenet의 오페라 〈르시드Le Cid〉에서 로드리고의 아리아 〈전능하신 하나님이시여O Souverain〉에 나오는 가사 가운데 'O Souverain, O Judge, O Father' 등을 변용하여 자동응답기 메시지 같은 느낌으로 표현한 노래이자 퍼포먼스다. 이 작품은 오페라와 책, 전자미디어라는 이질적인 매체 형식을 융합시키고 있으며, 보코더로 변조된 음성은 여성도 남성도 아닌 기묘한 목소리를 자아낸다.

이들 작가들의 작업은 컴퓨터나 디지털 기기를 직접 사용하는 시대의 작품은 아니지만, 디지털 문화의 좀 더 일반적인 이슈들, 즉 작가와 독자 간의 경계 해체, 쌍방향적인 소통, 융합적 변형 등을 예견하고 있다. 존 케이지는 작곡과 퍼포먼스의 도구로 컴퓨터를 사용했으며, 볼프 포스텔Wolf Vostell은 텔레비전 모니터를, 백남준은 소니 비디오카메라로 미디어 아트를 시도했다. 1990년대 이후 인터넷과 이동전화가 일반화되기 전부터 현재 우리가 디지털 미디어를 이해하고 사용하는 방식의 대부분이 이미 전개되고 있었던 것이다.

이 같은 디지털 풍경의 사회 문화적 기반은 디지털 기술이 기존의 사회구조나 문화적 관습과 완전히 다르며 이를 대체할 것이라고 생각하는 대신, 좀 더 넓고 유연하게 바라볼 것을 요청한다. 디지털 세계의 부상은 돌이킬 수 없는 것임과 동시에 미결정적인 현상이다. 기술 혁신으로 인해 숨겨져 있던 가상성이 성장하고 현재화되는 것은 사실이지만, 기술이 등장하고 발전하는 것은 사회와 문화라는 맥락의 토양에서 이뤄진다. 그렇기 때문에 디지털 기술에 대한 막연한 기대나 두려움 대신, 이 새로운 기술이 어떠한 사회 문화적 맥락에서 형성되고 변화하는지에 대한 균형 있는 접근과 이해가 필요하다.

사용의 관점에서 새로움의 쓸모 묻기

▶   디지털 풍경에 대한 나의 생각은 어쩌면 단순하다. 해 아래 새 것이 없다는 평범한 진리는 디지털 시대에도 여전히 관통한다는 것이다. 새로움의 의미와 가치를 부정하는 것이 아니다. 나는 새로운 것을 좋아한다. 다만 새로운 것은 앞서 존재했고 여전히 존재하고 있는 것들과의 관계를 통해 이해해야 한다는 점을 강조하고 싶을 뿐이다. 새로움은 사회 구조나 제도, 규범, 관습 등 다양한 사회 문화적 차원과의 관계에서 등장하고, 경쟁하고, 변형되기 때문이다.

하지만 새로움을 관계의 맥락에서 '제대로' 마주 대하기란 쉽지 않다. 소위 새로움의 등장 속도가 빨라도 너무 빠르기 때문이다. 디지털 세계로의 가속화 속도는 더할 나위가 없다. 도무지 정신을 차리고 제대로 볼 틈조차 없다. 지금 세대의 변화를 '찰나 같은 시간'으로 비유하기도 한다.[18] 보통 사람들은 물론, 소위 전문가들조차 하루가 다르게 등장하는 새로운 디지털 환경을 따라잡기 버겁다고 토로한다. 디지털 기술이 삶의 급속한 변화를 초래하고 있지만 이 새로운 기술의 쓸모를 묻는 질문의 시간은 점점 더 어려워지고 있다.

그렇기 때문에 디지털 기술이 우리 삶에서 어떤 실질적인 의미를 지니는지, 새로운 기술은 정말 중요한 기술인지, 우리에게 필요한 기술은 어떤 것인지에 대한 질문은 점점 더 중요해지고 있다. 어느 곳에서나 대세를 이뤄가고 있는 스마트폰, 웨어러블 기기, 인공지능 로봇 같은 새로운 기술은 시장을 선점하고 확장하는 데는 유리할지

몰라도, 이것이 삶에서 반드시 필요한 것이고 심지어 좋은 것인지는 결코 명확하지 않다.[19]

삶에서 정작 중요하고도 의미 있는 기술은 반드시 새롭고 혁신적인 기술이 아닐 수 있다. 그럼에도 기술 논의에서 새로운 것이 중요하고 좋은 것이라는 혁신 중심적인 미래주의는 지나칠 정도로 강조되고 있다. 하지만 혁신이 아니라 사용 중심의 관점에서 보면, 우리는 새로운 것과 낡은 것이 뒤섞인 세계에서 살고 있으며 새로운 것이 개발되는 만큼 오래된 물건도 재발견될 수 있다는 것을 알 수 있다. 그래서 지금의 디지털화가 갖는 진정한 가치는 최신 스마트 기기나 손쉬운 서비스로의 수렴이 아니라 다양한 선택지가 공존하고 존중되는 것일지 모른다.

실제로 사용자 문화에서 선택의 다양성에 대한 요구는 이미 존재한다. 예전에는 2G나 3G폰은 노장년층이나 쓰는 폰으로 치부됐지만 요즘은 스마트폰을 벗어나려는 사람들에게 또 다른 선택지이기도 하다. 하지만 수요가 적은 통신망을 유지하고 이에 맞는 제품을 출시하는 것은 통신 기업들의 입장에서는 낭비로 치부될 뿐이다. 선택이 단일화되고 강제되는 것, 즉 새로움만 중요하고 의미 있다고 여겨지는 한 쓸모를 묻는 질문이 설 자리는 없다.

사용의 관점에서 쓸모를 묻는 것이 새로운 기술의 중단을 촉구하는 것은 아니다. 이는 '한 걸음 더 빠른'보다 '한 걸음 더 느린' 시선을 강조하는 것이며, 삶의 지속을 위한 기술의 방향과 의미를 따져 묻는 것이다. 새로움의 쓸모를 묻는 것은 기술에 대한 우리의 관심을 '새롭고 크고 극적이고 화려하고 경쟁적인 것에서, 오래되고 작고 평범하고 초라하고 공존적인 것에 대한 관심'으로 옮겨놓는 것이다. 이것은 기술과 사회, 문화의 균형을 지향하는 것이다.

좋은 삶을 위한 쓸모 있는 기술이 무엇인가에 대한 질문에는 보편적인 정답이 있을 수 없다. 각자가 가치 있고 좋은 것이라고 여기는 삶을 살기 위해서는, 누구에게나 통하는 만능열쇠가 아니라 이러저러한 문제와 갈등 상황을 풀어갈 맥락화된 판단과 적절한 선택이 필요하다. 그래서 좋은 삶을 위한 기술을 선택하는 것은 어떤 삶을 살 것인가에 대한 성찰과 맞닿아 있다. 이 글 역시 이런 판단과 선택을 위한, 보잘것없는 쓸모를 위해 쓴 것이다. 쓰일 데가 없다면 어쩌면 다행일지 모르겠다.

이해 없는 디지털
사용의 문화

누구라도 사용해야 하는

▶▶ 　　　디지털 세계의 변화 속도는 마치 롤러코스터를 탄 듯 정신을 아득하게 한다. 누군가에게 이 아찔한 속도감은 즐거움을 주는 것이기도 하다. 속도의 한가운데 혹은 그 가장자리 어디쯤에 있든지 간에, 누구도 디지털 세계를 빠져나갈 수는 없다. 미국의 사회학자 C. W. 밀즈가 말한 올가미에 걸린 현대인의 느낌은 디지털 시대에도 여전히 유효하며 심지어 더 명확하게 와 닿는다.[20]

일상의 사회적 상호작용에서 디지털 사용은 얼리어답터나 특정한 집단이 아니라 누구나 사용하고 사용해야 하는 '평범성의 세계'로 진입하고 있다. 이 평범성은 대다수의 사람들이 디지털 기기와 서비스를 사용하고 있다는 의미 그 이상이다. 오늘날 디지털 사용은 선택이 아니라 필수적인 것이며 사회적 의무에 가깝다.

잠시, 그것도 아주 잠시라면 몰라도, 스마트폰을 끄는 것은 개인의 성격이나 취향의 문제를 넘어선다. 주변을 둘러보라. 누가 스마트폰을 감히 꺼둘 수 있는지. 스마트폰을 늘 켜두는 사람은 대부분 사회적 위계가 낮거나 관계의 약자들이다. 상사를 모시는 직원이 전자라면, 돌봐야 하는 아이를 둔 부모는 후자의 경우다. 약자들은 대체로 호출대기라는 사회적 상황과 심리적 상태를 벗어나기 어렵다. 구매력이 없거나 배터리가 방전되는 등의 부득이한 경우를 제외하면, 일상생활에서 디지털 사용의 의무를 거부하고 디지털 은둔의 권리를 주장하는 것은 쉽지 않다.

사람들은 업무 수행이나 미팅 시간의 미시적 조정 같은 도구적 목적은 물론, 누군가와 정서적 소통을 위해서도 디지털 미디어를 '사용하고 사용해야' 한다. 대부분의 사람들은 디지털 사용의 의무에서 자유롭지 않으며, 디지털 사용이라는 보이지 않는 사회적 강제력을 벗어나기 어렵다. 카톡에서 읽지 않음을 나타내는 숫자 1이 사라졌는데도 아무 회신이 없을 때 상대방의 무신경과 무성의에 사람들은 상처받는다. 혹은 자신이 의도치 않게 그럴까 봐 신경을 끊을 수 없는 경우도 많다.

통신서비스 기업의 광고는 우리가 무언가에 사로잡혀 있다는 느낌을 더욱 적나라하게 가시화한다. 비오는 퇴근길에 빨리 문서를 전송하라는 직장상사의 문자가 날아오고 배터리가 1퍼센트밖에 안 남은 상태에서도 순식간에 파일을 보낼 수 있는 초광속 기가인터넷 덕분에 직장인은 무사히 임무를 완수한다. 광고는 이 찰나의 시간을 직장에서 기어이 살아남은 부활의 시간이라 부르지만, 밀스의 '사회학적 상상력'을 적용하면 퇴근 이후의 사적 시간도 회사를 위한 시간으로 탈바꿈해버리는 무시무시한 상황일 뿐이다.

쉬운 사용 : 이해하지 않고도 사용 가능한

▶▶   예전에는 구입하는 전자제품마다 사용설명서가 있었다. 기술전문 저술가가 작성한 사용설명서는 누구나 쉽게 복잡한 기기를 이용할 수 있도록 그 절차와 방법이 명시되었다. 가전제품조차 흔치 않던 시절, 새 제품이 들어오는 날 읽는 이 사용설명서는 쏠쏠한 재미를 주는 것이었다. 제품의 쓸모를 요모조모 알아가는 일은 뭔가 새로운 세계에 한 발 내딛는 그런 기분이 아니었을까. 잠시 짬만 내면 되니 그리 어려운 일도 아니었다.

하지만 요즘 구입하는 디지털 기기에는 사용설명서가 생략되곤 한다. 간단한 종이 매뉴얼을 제공하는 경우도 있지만, 대체로 기기는 설정을 따라 '예', '동의', '승낙' 등을 누르면 작동되며 사용하는 데도 불편함은 없다. 이동전화도 상황은 마찬가지다. 1998년 개인휴대통신PCS(personal communication services)폰이 나왔을 때만 해도 손바닥만 한 크기의 제법 두툼한 인쇄 매뉴얼은 기본이었다. 스마트폰을 사용하는 지금은 사용설명서가 없거나 기껏해야 10쪽 남짓한 간단한 설명서가 제공될 뿐이다. 이마저 보는 사람이 누가 있을까 싶다.

오늘날 디지털 기술은 사용법을 몰라도 누구라도 쉽게 사용 가능한 '이해 없는 사용'을 지향한다. 인터넷이나 스마트폰은 전화, 우편, 텔레비전, 녹음기, 비디오, 오디오 등 이질적인 미디어가 융합된 복합 테크놀로지다. 이 복잡한 기술의 시작과 끝을 가늠하기도 알기도 어렵지만 사용은 누구라도 가능하다. 디지털 기술의 복잡한 알고리즘을 몰라도 쉽게 사용할 수 있는 것이다.

대부분의 사람들이 구글의 검색기능을 활용하고 페이스북을 사용하지만 페이지랭크^{PageRank}나 엣지랭크^{EdgeRank}® 같은 알고리즘의 작동 구조와 원리에 대해서는 별다른 관심을 두지 않는다.[21] 이해하지 않아도 사용 가능하기 때문이다. 사용자 인터페이스^{UI}(User Interface)를 강조하는 디지털 기술은 사용성, 즉 사용자가 필요한 요소를 쉽게 찾고 사용하며 그 요소로부터 명확하게 의도한 결과를 쉽게 얻어내는 데 가장 큰 주안점을 둔다. 말하자면 사용에 앞서 이해를 요구하지 않는 것이 UI의 기본 전제인 셈이다.®®

인공지능을 탑재한 첨단 로봇기술이 사람들에게 매력적으로 다가오는 것도 마찬가지다. 인공지능의 알고리즘은 보통의 사용자가 파악하기에는 매우 복잡하지만 굳이 그 복잡함을 이해할 필요 없이 편리하고 쉽게 사용할 수 있다. 복잡함에 대한 고려 없이, 골치 아픈 이해 없이 즉시 사용의 세계로 이동하고 빠져들 수 있는 디지털 기술의 매력을 거부하기는 점점 더 어려워지고 있다.

　유·아동의 디지털 사용률이 급속히 높아지는 이유도 '이해 없는 사용'과 관련 있다. 한때 디지털 기기의 필수 옵션이던 매뉴얼이 사라진 것은 인쇄 매뉴얼이 온라인 매뉴얼로 대체되었기 때문만은 아니다. 이해하지 않아도 사용 가능한, 즉 직관적인 인터페이스를 지향하는 디지털 테크놀로지는 보통의 어른은 물론 어린아이조차 쉽게 사용 가능하다. 아직 문자를 깨치지 못한 유아들이 스마트폰이나 디지털 패드를 성인보다 더 잘 사용하는 경우는 이제 흔한 풍경이다.

- 　페이지랭크와 엣지랭크는 각각 구글과 페이스북의 대표 지적 재산인 특허 기술이다. 페이지랭크와 엣지랭크는 각각의 소프트웨어 외부에 존재하는 빅데이터를 수집하고 처리하는 알고리즘으로 구성되어 있다. 하지만 외부 데이터가 없으면 사실상 아무런 쓸모가 없는 데이터 의존적 소프트웨어이기도 하다.

- 　사용자 경험UX(User Experience)은 사용자가 어떤 시스템, 제품, 서비스를 직·간접적으로 이용하면서 느끼고 생각하게 되는 총체적 경험을 말한다. 단순히 기능이나 절차상의 만족뿐 아니라 전반적으로 지각 가능한 모든 면에서 사용자가 참여, 사용, 관찰하고 상호 교감을 통해 알 수 있는 가치 있는 경험이다. 긍정적인 사용자 경험의 창출은 산업 디자인, 소프트웨어 공학, 마케팅, 및 경영학의 중요 과제이며 이는 사용자의 니즈 만족, 브랜드의 충성도 향상, 시장에서의 성공을 가져다줄 수 있는 주요 사항이다. 부정적인 사용자 경험은 사용자가 원하는 목적을 이루지 못할 때나 목적을 이루더라도 감정적, 이성적, 경제적으로 편리하지 않거나 부정적인 경험을 하게 되는 경우 발생할 수 있다.

디지털 세계라는 암흑상자

▶▶　　　이색 데이트 및 소개팅 장소로 암흑카페가 소개된 적이 있
다. 빛 한 점 없는 암흑카페에서 사람들은 차와 술을 마시거나 밥을
먹고, 심지어 보드게임이나 탁구도 칠 수 있다. 이 공간에 첫 걸음을
디디는 사람들은 칠흑 같은 어둠에 당황하지만 이내 더듬더듬 평온
을 되찾는다. 어둠에 익숙해지는 탓도 있지만 처음 들어온 곳으로,
원래의 모습으로 다시 나갈 수 있기 때문이다. 방향을 알 수 없는 암
흑의 공간에서 평정을 찾을 수 있는 것은 이 막막한 어둠의 시간이
제한적이며 다시 밝은 곳으로 나갈 수 있다는 확신과 기대가 있기
때문이다.

　하지만 디지털 세계는 평정을 되찾을 수 없는 암흑상자black box와
같다. 입력과 산출의 인과성을 확신할 수 없고 불확실성이 너무나
크기 때문이다.[22] 세계는 총체적인 이해와 예측이 어려운 상황으로
달려가고 있으며 디지털이라는 복합기술에 의해 주조되는 인공적
환경은 이해 불가능성을 더욱 강화한다. 디지털 복합미디어의 기술
구조와 작동 원리, 그 영향력을 이해하고 예측한다는 것은 더 이상
불가능한 것이 되고 있다. 디지털 세계에서 두드러지는 '이해 없는
사용'은 현대 세계가 직면하고 있는 불확실성에서 비롯된 필연적인
측면이다.

　그렇다면 암흑상자 같은 디지털 세계에서 이뤄지고 있는 이해 없
는 사용은 어떻게 보아야 할까. 이해 없는 사용, 즉 쉬운 사용은 흔

히 무지나 이해의 부족, 혹은 습관적인 사용 정도로 간주된다. 그리고 언제나 사용해야 하고, 알지 못하지만 사용할 수 있는 디지털은 인간을 점점 더 무능하고 어리석게 만들고 결국은 인간을 앞질러 인간을 지배하게 될 것이라는 전망으로 연결되기도 한다.

디지털 암흑상자에 대한 이런 부정적 예측이나 비관은 낙관적인 기술혁신주의만큼이나 적지 않으며 오랜 전통을 갖고 있다. 진행 속도가 빠른 새로운 기술이 인간을 퇴행적인 골동품으로 만들어버릴 것이라는 전망 역시 낯설지 않다. 이 오래된 전통은 기계의 거대한 진보에 비해 이를 통제하는 인간의 능력은 급격히 뒤떨어지고 있으며 기술은 인간의 무능력을 증명하는 증거가 될 것이라고 말한다.

하지만 디지털 세계의 '이해 없는 사용'은 현 세계의 또 다른 '성공 표식'이기도 하다. 디지털 사용의 일상적 맥락에서 보면, '이해 없는 사용'을 진지함의 결여나 혹은 성찰 없는 사용으로 치부하는 건 지나치게 일방적이다. 쉬운 사용이 나쁜 사용은 아니기 때문이다. '이해 없는 사용'은 효율을 지향하는 합리적 행위로 볼 수 있다. 굳이 이해하지 않아도 간단히 사용할 수 있으므로, 이해하는 데 시간을 소비하는 것은 사용자 측면에서는 비효율적이다. 아무리 좋은 디지털 기기나 서비스라고 할지라도 이용 과정이 복잡하면 사용자로부터 외면 받는다. 쉽고 간단한 사용 자체를 비난할 이유는 없다.

진지하고 성찰적인 사용을 강조하는 건 또 하나의 편견일 수 있다. 보통 사람들의 미디어 수용은 몰입적인 것이라기보다는 대체로 분산적이다. 몰입적이고 성찰적인 미디어 사용은 대체로 관심사나 특정한 직업적 활동과 관련되어 있다. 예컨대 텔레비전 프로그램을 뜯어보고 세밀하게 논평하는 것이 대중매체 전문가나 비평가의 몫이라면, 보통의 이용자들에게 텔레비전 시청은 청소하기, 빨래 널기, 애보기 등의 딴짓과 함께 수행되는 분산 활동일 뿐이다.

인터넷이나 스마트폰 사용도 마찬가지다. 사람들이 스마트폰을 가장 많이 사용하는 장소는 집과 함께 버스정류장이나 지하철 같은 이동 중인 교통수단과 관련되어 있다. 이동하는 자투리 시간을 보내는 데 복잡한 인식체계를 작동해 골머리를 앓아야 할 이유가 없다. 디지털 세계에서 태어나 자란 세대에게 '이해 없는 사용'은 자제력을 잃은 문제상황이라기보다는 평범한 일상이자 문화 그 자체다.

이해할 수 없음을 이해하기, 그리고 대화하기

▶▶   디지털 세계에서 이루어지는 이해 없는 사용은 무지나 이해의 결핍이 아니다. 오히려 이해 불가능한 세계에 대응하는 대안적 이해이자 실천 방식일 수 있다. 여기에는 불확실성이 정상적인 것이라는 현실적 인식론이 전제되어 있다.

오늘날 불확실성은 확실성의 잔재나 예외적 사건이나 범주가 아니라 보편적이고 일상적인 상황이다. 삶 전반은 물론 사회적 지식에서 불확실성은 보편적이고 정상적인 것이다. 사회적 지식이 현재 직면하고 있는 골칫거리는 지식의 양이나 인지능력의 부족이 아니

74

라 너무 많이 널리 알려져 있다는 데 있다. 이해 없는 사용이 갖는 문제점은 정보의 양적 질적 수준에서 드러나는 어떤 심각한 결핍에서 비롯된 것이 아니다. 오히려 그 반대인 정보와 지식의 지나친 과잉, 즉 '결핍의 결핍'에서 발생한다. 대중적으로 회자되는 정보의 바다라든지 빅데이터 같은 용어들은 '과잉'을 함의하고 있는 수사적 표현이다.

과잉과 결핍 없음은 질적인 측면에서도 마찬가지다. 근대적 산물로서 전문가 시스템의 보편화는 분석하고 설명하고 해석하는 지식산업의 확장을 가져왔다. 지식과 정보의 유기적 연쇄로서 웹은 자격증으로 공인된 전문가에서부터 대중의 평판을 획득한 비공식 전문가까지 아우르는 포괄적인 지식정보 시스템을 구축하고 있다. 이로써 디지털 세계는 양적, 질적으로 방대한 양의 데이터가 입력되고 있으며 결과 예측은 점점 더 불가능한 암흑상자가 되어간다.

사실 이런 불확실성은 디지털 시대의 상황만은 아니다. 인간의 삶에서 불확실성은 운명적 전제임에도 근대 과학과 기술은 이 불확실성을 제거할 유력한 방안으로 신비화되었다. 또한 인간은 이 새로운 기술을 통해 불확실성의 세계를 극복하고 지배할 수 있는 주체로 등극했으며 위험의 감수 역시 한시적인 것으로 간주되었다. 하지만 관리와 통제를 통해 불확실성을 완전히 제거할 수 없다는 사실은 이제 공공연한 것이 되었다. 즉, 불확실성과 모호함, 유동성은 일시적이고 부분적인 것이 아니라 보편적이고 일상적인 것으로 받아들일 수밖에 없는 상황에 이르고 있다.

과학기사에 대한 대중의 반응이 대표적인 예다. 국내의 한 일간지는 영국《데일리메일》의 보도를 인용하여 치실 사용 습관이 잇몸 건강에 좋지 않을 수 있다는 기사를 냈다. 하지만 2011년 치실 사용 관련 《데일리메일》의 기사는 치실 사용이 뇌졸중에 좋다는 내용을 담고 있다. 이 기사의 댓글에는 쓰라는 거냐 말라는 거냐라는 불만에서부터 맨날 손바닥 뒤집듯 이랬다저랬다 하는 게 한두 번이냐는 조소가 넘쳐났다. 과학은 전문가가 점유한 '보편과 객관'이라는 확실성의 영역으로 치부되었지만, 이제 사람들은 과학 역시 주관적 인식이나 경제 사회적 이해관계로부터 결코 자유롭지 않다는 사실을 알아차리고 있다.

디지털 암흑상자라는 이 모호하고 유동적인 세계와 대면하기 위해서는 '이해할 수 없음을 이해하는 것'이 필요하다. '이해 불가능성의 이해'란 이해의 포기가 아니다. 이것은 능동적인 행위의 시작점이 될 수 있다. 이해 불가능한 상황에 대한 이해, 즉 불확실성을 보편적이고 정상적인 것으로 받아들이는 것은 행위의 독특한 역동을 가져올 수 있다. 불확실성을 삶의 상황과 조건으로 받아들이고 이해하게 될 때, 우리의 눈과 마음은 자신뿐만 아니라 타인을 향할 수 있다. 불확실성에 대응하는 상호 존재의 필요를 느끼고 소통하게 되기 때문이다.

예컨대 암흑 카페에서 빨리 편해지는 방법은 어둠 자체를 받아들이는 것이다. 이것은 체념이 아니라 새로운 행위 전략이다. 어둠의 정상성을 이해함으로써 어둠의 한가운데 있는 사람들은 '보이지 않기 때문에 더 잘 보이는' 독특한 경험을 할 수 있게 된다. 즉, 어둠이 서로에게 놓인 보편 상황이라는 사실을 받아들이면 그 상황에 집중해야 하며 또한 집중할 수 있다. 어둠이라는 불확실성 속에서 사람들은 서로에게 의존해야만 한다. 물론 불확실성에 대응하는 상호의존과 소통이 언제나 낙관적인 결과를 가져오는 것은 아니다.

'이해할 수 없음을 이해하는 것'의 실질적인 의미는 긍정적인 결과에 대한 기대라기보다는, 불확실성에 대처하는 가장 기본 방식이 대화적 소통임을 일깨우고 부각한다는 데 있다. 불확실한 사회에서 온갖 음모론이 성행하는 것은 불확실성 때문이 아니라 불확실성에 대해 서로 대화할 수 있는 가능성이 원천적으로 제한되기 때문이다. 애매하고 모호한 상황에 처한 개인들에게 대화적 소통은 위험을 감수할지 혹은 배제할지를 선택하는 필수 과정이다. 다시 말하자면, 우리는 '이해할 수 없음을 이해하는 것'에 기반을 둔 '대화적 소통'을 통해 디지털 암흑상자의 불확실성 속에서 최악을 피하는 차악과 차선, 최선을 위한 다양한 선택 전략을 모색할 수 있다.

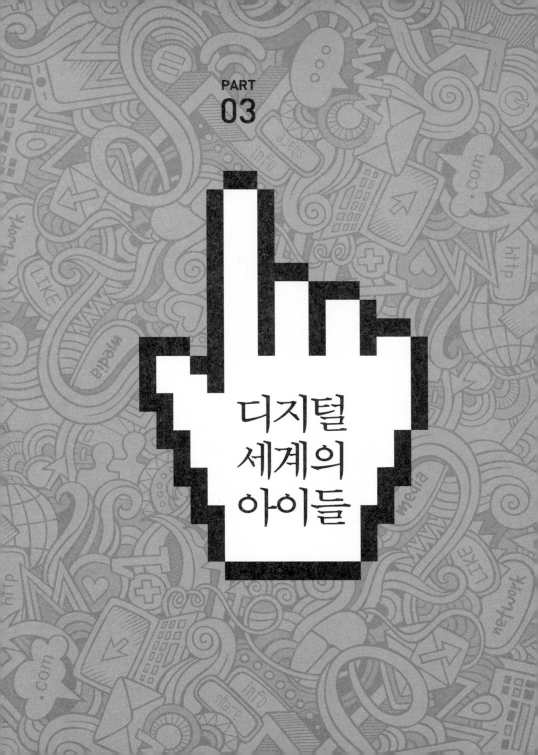

PART
03

디지털
세계의
아이들

태초에 인터넷과
스마트폰이 있었을 뿐

가장 똑똑한 세대 vs. 가장 멍청한 세대라는 이분법

▶▶ 　아직 아기 티도 벗지 않은 아이가 스마트폰과 태블릿 피시를 웬만한 어른보다 능수능란하게 다루는 풍경은 그다지 낯설지 않다. 요즘 아이들은 특별히 가르치거나 알려주지 않아도 놀랄 만큼 자유롭게 디지털 기기를 사용한다. 디지털 아이들의 미디어 친화성은 새삼스러운 일도 아니다. 언제나 그렇듯, 젊은이는 새로운 미디어의 가장 열렬한 사용자이자 새로운 문화의 상징처럼 여겨져 왔기 때문이다. 실제로 세대 간 인터넷 이용률만 보더라도 10대나 20대의 이용률이 거의 100퍼센트에 육박하고 있다면, 60대 이후 노년층의 이용률은 현저히 떨어진다. 한국인터넷진흥원이 조사한 모바일

인터넷 이용 실태를 보아도 10대와 20대의 이용 빈도와 이용시간이 가장 높다.

인터넷과 스마트폰이 일상화된 세상에 태어나 자라 디지털 친화적인 요즘 아이들을 흔히 디지털 세대라고 부른다. 그런데 이 새로운 디지털 세대에 대한 평가는 균일하지 않다. 오히려 전혀 상반된 입장으로 대립된다.

예컨대 청소년을 디지털 네이티브Digital natives로 지칭하고 새로운 세대로 보는 시선은 디지털 세대라는 새롭고 혁신적인 세대의 출현이라는 관점에서 접근한다. 디지털 네이티브는 미국의 교육학자 마크 프렌스키Marc Prensky가 디지털을 활용한 교육 방법을 역설한 논문에서 처음 사용한 용어다. 그는 1980년대 개인용 컴퓨터의 대중화, 1990년대 이동전화와 인터넷의 확산에 따른 디지털 혁명기 한복판에서 성장기를 보낸 30세 미만의 청소년 및 청년 세대를 디지털 네이티브로 지칭한다.[23]

좀 더 비즈니스 차원에서 접근하는 돈 탭스코트Don Tapscott는 《디지털 네이티브》의 한국어판 서문에서 세계 최고의 경영자들이 갖는 공통점은 전문가들의 창조적인 힘을 체계적으로 조직화하는 능력이며 디지털 네이티브는 인터넷과 디지털이라는 협력수단을 가장 잘 활용할 수 있는 자질, 말하자면 디지털 역량을 갖춘 유능한 인력이라고 표현하고 있다. 그에 따르면 디지털 네이티브는 묻고, 모색하고, 토론하고, 논의하고, 증명하고, 비판하고, 정보를 교환하는 적극적인 참여자들이다.

디지털 미디어 환경에서 태어나 성장한 세대라는 점에서 청소년은 가장 확실한 디지털 네이티브로 간주된다. 이러한 시각은 인터넷과 스마트폰 같은 미디어가 청소년의 삶과 문화와 자아정체성 형성에 중요한 영향을 끼치고 있으며, 청소년이 부모 세대보다 디지털을 활발히 일상적으로 활용하며 뛰어난 멀티태스킹 능력을 갖추고 있다는 점을 부각한다.

청소년의 디지털 친화성을 역사상 가장 똑똑한 세대의 출현과 연관 짓는 디지털 네이티브의 시각과 달리, 가장 멍청한 세대의 출현으로 바라보는 정반대의 입장도 존재한다. 미국의 영문학자 마크 바우어라인^{Mark Bauerlein}은 《가장 멍청한 세대》에서 디지털 활동과 오락 때문에 청소년이 역사, 사회, 문화, 예술 같은 인류적 자산과 단절되고 있다고 본다.

그에 따르면 과거에는 연장자의 목소리, 역사와 문화, 책과 사상의 가치를 소중히 하는 분위기가 존재했으며, 10대의 삶에는 자신만의 고독한 시간과 함께 성인이 되기 전까지 유예되는 분명한 한계선이 있었다. 하지만 디지털 기술은 또래와 뭉치고 싶어 하는 청소년의 욕구를 더 빠르고 손쉽게 실현되도록 만들었고, 이로 인해 청소년은 또래를 떠나 자기성찰을 위한 고독한 시간을 가질 기회를 박탈당한다. 그런가 하면 청소년기의 지적 발달과 경험에도 치명적인 문제를 야기하는데, 전통적인 독해 작문 능력에서 이탈시키고 오로지 감각적이고 인기영합적인 관심과 활동으로 유인하기 때문이다. 바우어라인의 주장에는 디지털 세대에 대한 우려가 넘실댄다.

청소년은 다른 어떤 세대보다 디지털 도구를 빠르게 흡수하고, 쉽게 지식과 정보를 손에 넣을 수 있는 환경에서 성장해왔고, 많은 수업을 들었고, 더 많은 도서관과 서점, 박물관의 혜택을 누릴 수 있다. 다시 말해 온 세계가 지식과 정보를 획득할 전무후무한 기회와 금전적 보상을 제공하고 있는 것이다. 그런데도 오늘날 청소년은 이전 세대보다 더 많이 배우지도, 더 뛰어난 기술을 보유하고 있지도, 더 나은 지식을 갖고 있지도, 최신 정세에 밝지도 않을 뿐더러 또래 문화에 관한 것이 아니면 호기심이나 탐구심도 없다…… 지식의 샘물은 도처에 널려 있지만, 청소년은 사막에 모여 앉아 이야기, 사진, 텍스트만을 주고받으며 또래의 주목을 받는 기쁨에 산다. 그동안 그들의 지성은 지금의 우리를 만들어온 문화적·시민적 유산을 거부한다.

디지털 아이들은 서로 다르다

요즘 아이들의 디지털 친화성을 보는 이 상반된 입장들이 갖는 가장 큰 문제점은 지나치게 도식적이고 일방적이라는 것이다. '세대'는 상당히 모호한 용어다. 디지털 친화성을 갖는 청소년을 통칭 디지털 세대라고 부르지만, 대부분의 집단 구분이 그러하듯이 세대라는 분류 기준은 그렇게 엄밀하지 않다. 집단에 대한 다수의 연구들은 집단 간의 차이도 존재하지만 한 집단 내부의 다양성과 차이가 더 크다고 말한다. 보통 10년 단위로 한 세대로 묶어 나누지만,

세대 간 차이보다 세대 내 차이가 실제로는 더 크다.

쌍팔년도 쌍문동을 배경으로 한 드라마 〈응답하라 1988〉에서 저녁 식사 반찬을 이웃 간에 나눠먹는 장면은 잃어버린 따뜻한 과거를 떠올리는 향수 어린 풍경으로 회자된다. 하지만 어떤 쌍문동 사람들은 그런 쌍문동은 상상 속의 쌍문동일 뿐 실재하지 않았다고 말한다. 이 말이 참말인지 아닌지를 따지는 것은 그다지 중요하지 않다. 비슷한 연령대로 물리적 시간은 같았을지라도 서로의 사회 경제적, 문화적 위치에 따라 서로 다른 시간과 공간을 경험하기 때문이다.

세대라는 용어만이 아니다. 디지털 네이티브라는 용어 역시 부모 세대나 이전 세대와 다른 새로운 존재적 특징을 수사적으로 표현하는 데는 적절할지 모르지만, 청소년에 대한 현실적인 이해를 가로막는 걸림돌이 될 수 있다. 예컨대 디지털 네이티브인 청소년의 디지털 역량은 높은 것처럼 간주되지만 디지털 역량은 타고난 재능이 아니며 디지털 기기를 사용한다고 저절로 높아지지도 않는다. 이용 방식이나 역량의 차이를 유발하는 요인은 복합적이고 맥락적이다. 청소년들은 한 덩어리의 동일 집단이 아니며, 유사한 집단 특성을 공유하더라도 그 내부의 다양성과 차이가 존재한다.

예를 들어 청소년 집단 내에서도 성별에 따른 디지털 이용 방식은 상당한 차이가 있다. 남자 청소년은 게임이나 오락물에 열중하는 데 비해 여자 청소년은 커뮤니케이션 용도로 더 많이 사용하는 경향이 있다. 이용 방식의 차이뿐만 아니라 디지털 역량에서의 차이도 존재한다. 부모의 사회 경제적 배경이나 양육 환경, 훈육 방식에 따라 아이의 디지털 역량은 달라진다.

디지털 기기와 장비 위주로 이뤄진 정보취약계층의 정보화 지원 정책이 청소년의 인터넷 중독을 촉진했다는 지적이 그 예가 될 수 있다. 보편적 접근성이라는 정책 목표에 따라 빈곤 상황에 처해 있는 한부모 가정이나 조손 가정에 컴퓨터와 인터넷을 무료로 제공한 것이 오히려 이들 가정의 청소년 인터넷 중독을 초래하는 요인으로 작용한 것이다. 가정의 생계 문제 등으로 양육자와 충분한 대화 시간을 갖지 못하고 방치된 상태에서 이뤄지는 아이들의 손쉬운 디지털 사용은 디지털 역량을 저해하는 부정적 결과를 불러올 가능성을 높인다.

10대 청소년 중에는 디지털 역량이 매우 높은 경우도 있지만 그렇지 않은 경우도 많다. 우리나라 청소년의 상당수는 온라인 콘텐츠의 저작권 침해나 개인 정보 노출, 사생활 침해 같은 문제의 심각성을 간과한다는 지적을 받고 있다.[24] 또한 콘텐츠의 생산보다는 SNS에서 타인의 글이나 사진 같은 콘텐츠의 소비 활동에 치우치는 경향이 있다는 분석도 있다. 디지털 일상화가 진행되고 있는 현실에서는 청소년을 디지털 네이티브라는 하나의 집단으로 호명하는 데서 벗어나 그 내부의 차이와 다름에 눈길을 돌릴 필요가 있다.

다른 한편, 디지털 네이티브라는 일방적 칭송의 대척점에 있는 '가장 멍청한 세대'라는 우려 역시 선뜻 동의하기 어렵다. 청소년의 디지털 사용을 인지 능력과 성찰성이라는 지성의 전반적 저하로 바라보는 시각은 지나치게 엘리트주의적이고 기성 세대적 발상이기 때문이다. 인쇄기술과 대중교육의 확산에 이은 디지털 사용의 확산은 독특한 지식 공유의 메커니즘을 형성하고 있고 오늘날 대중의 지식 정보 수준은 과거와 비교할 수 없을 정도로 높아졌다. 지식과 정보의 문턱이 낮아지고 누구나 무엇이든 접근 가능성이 열려 있다는 사실이 곧바로 지성의 상승을 가져오지는 않지만 지성의 하락이라는 주장으로 귀결될 이유도 없다.

무엇보다 디지털 역량의 부족은 디지털 친화적인 청소년에게만 유별난 문제가 아니다. 디지털 사용이 일상화되면서 오히려 청소년보다 성인이 더 심각한 상황이다. 최근 노·장년층 이용자의 모바일 인터넷 사용이 급증하면서 이들의 디지털 사용 문화와 관련된 문제들이 점점 늘어나고 있다. 지하철이나 버스 같은 대중교통 수단을 이용하다 보면 청소년들은 이어폰을 이용해 동영상이나 음악을 듣고 있는데 반해, 공공장소에서 무음모드 없이 음악을 듣거나 큰 소리로 전화통화를 하는 어른들을 심심찮게 만날 수 있다.

디지털 사용이 보편화되면서 빚어지는 상황에 대한 고려 없이 무조건 비난만 해서는 곤란하다. 세대를 막론하고 각 사용자들의 디지털 역량은 네티켓이나 정보의 취사선택이라는 차원을 넘어서는 총체적인 능력과 관련되어 있다. 다시 말해 디지털 역량은 콘텐츠에 대한 비판적 해석과 함께 적절한 자기표현, 유연한 소통 능력을 포괄하는 개념이다. 이러한 디지털 역량은 특정한 연령 집단에서 나타나는 보편적인 특징이 아니며 단기간에 쉽게 이뤄지는 일도 아니다.

요즘 아이들이 직면하고 있는 디지털 세계는 이해하기 어려우면서도 현명하게 살아내야 하는 어마어마한 과제를 매시 매초 던지는 그런 무자비한 세상인지도 모른다. 이런 복잡한 디지털 세상을 살아내고 있는 아이들은 가장 똑똑한 세대 혹은 가장 멍청한 세대가 아니라, 이전 세대가 경험했던 것보다 더 많은 선택과 판단을 해야 하는 상황에 놓인 존재들이다.

아이들의 디지털 사용은 문화다

문화를 설명하는 몇 가지 방식

문화는 쉽고도 복잡하다. 대중적으로 쓰이는 용어지만 의미상으로는 상당한 차이가 있다. 영국의 문화연구자 레이먼드 윌리엄스Raymond Williams는《키워드: 문화와 사회 관련 용어》에서 문화가 영어에서 가장 난해한 단어들 중 하나라고 말한 바 있다. 이 단어를 쓰는 사람들마다 서로 다르게 정의하기 때문이다.

먼저, 문화를 문명의 관점에서 바라보는 시각이 있다. 이 시각에서 문화는 지적이고 특히 예술적인 활동의 실천이나 작품을 지칭하며, 위대한 철학자나 화가, 시인 등 교양 있는 사람들이 참여하는 세련된 활동을 의미한다. 문명으로서 문화라는 개념은 야만과 대비되는 소위 '고급문화' 혹은 '예술'과 관련된 정의로 주로 쓰인다. 농담 반 진담반으로 사람들은 미술관이나 발레공연을 본 후 '문화' 생활 했다고 말하기도 한다.

문화를 문명으로 접근할 때 생기는 문제는 어떤 것이 야만이고 어떤 것이 문명인지 구분하기 쉽지 않다는 것이다. 그럼에도 문화를 문명으로 보는 시각은 서구 문화는 문명으로 부르는 반면, 서구 이외의 지역은 비문명, 즉 야만으로 구분한다. 서구 이외의 지역을 비서구라는 잔여범주로 표현하는 위계화된 이분법이다. 또한 비서구라는 표현은 이질적인 존재들을 몰개성화하고 대상화하는 용어다. 아프리카와 아시아가 다르고, 한국에 인접한 중국이나 일본도 서로 다른데 말이다.

그런가 하면 문화를 생활양식으로 접근하는 관점이 있다. 이 시각에서 문화는 한 인간이나 시대 또는 집단의 특정한 생활방식이자 사회적으로 학습하는 규범을 의미한다. 인류학자 타일러 E. B. Tyler는 문화를 지식, 믿음, 예술, 도덕, 법, 관습 그리고 사회구성원으로서 획득한 능력과 습관을 포함하는 복합적 전체라고 정의한다.

생활양식으로서 문화를 정의하는 방식은 고정되고 보편화된 문화가 아닌, 다양한 문화적 차이에 초점을 둔다. 문명과 야만의 이분법이나 보편 문화로의 수렴 대신, 문화의 다원성, 즉 '문화들'을 강조한다. 이 '문화들'의 관점은 다양하고 이질적인 다수의 문화들이 존재하며 질적으로 더 우수한 고급 문화와 질 떨어지는 저질 문화라는 위계적 구분은 서구중심주의나 지배층의 시각일 뿐 근거가 없는 것이라고 비판한다. 나아가 문화의 다양성과 차이를 강조하면서, 문화 없이는 어떤 사회나 집단도 그 존재를 유지할 수 없음을 함축하고 있다. 문화란 말하고 생각하고 느끼고 행동하는 방식이자 그 산물이다. 특정 사회와 집단을 이해하기 위해서는 그 구성원들이 공유하는 문화를 이해하는 것이 필수다.

또 다른 문화에 대한 정의로, '의미의 생산'과 관련하여 문화를 개념화하는 방식이 있다. 이 시각은 생활양식의 관점처럼 문화란 삶에 필수적이며 의미의 공유가 중요하다고 본다. 그리고 한 발 더 나아가 의미의 내용보다는 사람들이 중요하다고 생각하는 의미가 만들어지는 과정에 더 많은 관심을 기울인다. 여기에는 사회적 위치와 관계에 따라 세계를 바라보고 의미를 부여하는 방식은 서로 다르다는 것이 전제돼 있다.

즉, 어떤 의미든 원래 있다거나 발견을 기다리는 것이 아닌, 만들어지고 발명되는 것이라고 본다. 아무 의미 없는 것이라도 아주 의미 있는 것으로 얼마든지 만들어질 수 있다는 것이다. 예컨대 전통이란 유구한 시간과 공간을 경유해 전승해온 것이라고 생각하지만, 역사학자 에릭 홉스봄Eric Hobsbawm은 '만들어진 전통'이라는 개념을 통해 전통은 원래 있던 게 아니라 발명된 것이라고 말한다. 퀼트 복장은 스코틀랜드의 전통 의상으로 널리 알려져 있지만, 대중적으로 알려지게 된 것은 18세기 말 이후 스코틀랜드 저지대의 사업가가 고지대 옷의 형식과 디자인을 상업적으로 차용하면서부터다. 말하자면 유구한 역사를 가진 전통 의상이라기보다는 근대적인 복식이며, 상업적 고려와 이해관계가 만들어낸 전통인 셈이다.

문화를 의미의 생산으로 보는 것은 문화가 존재하지 않는다는 주장이 아니다. 오히려 셀 수 없을 정도로 많은 문화들과 의미들이 있다고 본다. 다만 다양한 의미 가운데 특정한 사회 맥락이나 상황에서 특정 집단의 이해관계에 부합하는 의미가 선택되고 활용된다는 것을 강조한다. 다시 말해 특정한 가치가 선택적 혹은 의도적으로 만들어질 수 있음을 보여준다.

이는 청소년을 지시하는 특정한 의미의 레퍼토리에도 적용할 수 있다. 미성숙, 판단 미숙, 경험 부족, 경제적 의존 등 청소년을 설명하는 용어들은 청소년을 보호와 관리가 필요한 존재로 규정한다. 예컨대 인터넷 중독은 개념상 모호하고 합의된 용어가 아님에도 디지털 아이들의 문제 상황을 설명하는 일상용어로 쓰인다. 각종 중독 전문가와 언론, 매체들은 청소년과 디지털, 중독을 마치 한 세트인 것처럼 묶어서 반복적이고 지속적으로 언급한다. 이를 통해 형성된 인터넷 중독의 실재감은 어마어마하다.

실제로 어른들은 청소년 인터넷 중독률이 최소한 40~50퍼센트 이상은 될 것이라고 말한다. 이에 병리적 수준의 인터넷 중독 고위험군은 2~3퍼센트 정도라고 하면 다들 믿지 못한다. 통계 수치는 그렇다고 해도 어디를 가나 스마트폰에서 눈을 떼지 못하는 아이들이 대부분인데 그 수치를 믿을 수 있겠느냐고 되묻는다. 친구와 만나고 대화할 시간이 없는 아이들이 스마트폰을 이용해 나름 현명하게 자투리 시간을 이용하는 것으로 보면 어떻겠냐고 하면 간혹 고개를 끄덕이기도 한다. 어떤 시선으로 바라보느냐에 따라 디지털 아이들은 관리와 통제가 필요한 어리석은 중독 환자가 되기도 하고 나름의 방식으로 고군분투하는 평범한 사용자로 보이기도 한다.

한편 의미의 생산으로서 문화라는 시각은 주류와 다르거나 상반되는 새로운 가치나 시각이 등장할 수 있으며 이를 통해 사회적 변화를 꾀할 수 있다는 것 역시 포함한다. 예컨대《경국대전》에 명시된 조선시대 혼인 연령은 남자는 15세, 여자는 14세지만 현대 한국에서 법률적으로 요구하는 혼인 적령은 남녀 모두 만 18세로 규정되어 있다. 전통 사회에서 아이들은 경제활동의 중요한 구성원으로 여겨졌으며, 산업자본주의 초기에는 여성과 함께 값싸고 손쉽게 활용할 수 있는 노동력으로 간주되었다. 이에 비해 현대 사회에서 아동과 청소년은 대체로 비경제활동 인구이며 한국 청소년의 경제활동은 10대 후반 이후에야 가능하다.[25] 이러한 차이는 생활양식의 변화를 반영하는 것이기도 하지만, 여성의 조혼 관습과 어린이 노동을 아동학대로 바라보는 시각의 확대와도 관련이 있다.

다시 말해 의미의 생산이라는 시각은 문화적 가치나 의미의 변화 무쌍하고 역동적인 측면에 더 많은 관심을 기울인다. 의미란 발견을 기다리는 고정된 실체가 아니라 상이한 입장과 견해, 감정, 느낌 등이 경합을 벌이는 의미투쟁의 과정에 더 가깝다고 보기 때문이다. 이처럼 문화를 어떤 규범이나 가치가 만들어지는 과정으로 보는 것은 아이들의 디지털 사용에 대한 편견에서 벗어나 보다 다각적으로 이해할 수 있도록 이끈다.

서로의 거리를 인정하는 데서 출발하기

▶▶ 　　　어른들은 요즘 아이들의 디지털 사용 방식을 도무지 이해하기 어렵다고 말한다. 이 말은 디지털 아이들의 문화를 모른다는 말과 다르지 않다. 그렇다 해서 이해하기 어렵다거나 모른다는 것 자체가 비난받을 일은 아니다. 내가 아닌 타인, 다른 집단의 문화를 실질적으로 이해하기란 매우 어렵기 때문이다. 다른 시대와 역사, 다른 지역, 그리고 한 사회 안에 존재하는 다양한 문화를 모두 이해한다는 것은 사실 불가능에 가깝다. 오히려 문제는 나 혹은 우리가 타인이나 다른 집단의 문화를 그들의 방식으로 이해할 수 있는지, 왜곡된 시각으로 그들의 문화를 해석하는 것은 아닌지, 근본적인 질문을 하지 않는 데 있다.

예컨대 부모는 디지털 아이들과 가장 가까이 있는 외부인이라는 모호한 위치에서 아이들의 디지털 사용을 지켜본다. 이런 가깝고도 먼 위치는 내 아이를 가장 잘 알고 있다는 착각에 빠져들게 한다. 하지만 외부인 혹은 관찰자라는 위치가 갖는 한계는 분명해서, 디지털 아이들을 잘 안다고 생각하면 할수록 이해와는 점점 더 요원해질 수 있다. 이해에 대한 확신은 타자에 대한 존중의 거리를 줄이기 때문이다. 반풍수, 선무당이 사람 잡는다는 말처럼, 잘 알지도 못하면서 아는 체할 때 세대 간 거리는 더 멀어진다. 아이들의 인터넷, 스마트폰 사용을 중독이라는 틀에 맞춰 재현하는 각종 대중 매체는 아이들 입장에서는 납득이 안 되는 일방적인 이야기를 늘어놓는 것으로 보일 뿐이다.

서로가 서로를 이해한다는 것은 사실 인간계에서는 가능한 일이 아닐지도 모른다. 자기 자신 혹은 자기가 속한 집단의 문화를 알기도 어렵다. 익숙하다는 것과 제대로 아는 것 사이에는 간극이 있다. 내부자로서 자기 집단의 문화와 의미 세계에 익숙해지고 몰입하게 될수록, 성찰적이고 객관적인 거리는 줄어들고 낯선 타자들과의 만남과 소통에는 거부감을 느낄 수 있기 때문이다.

제대로 된 이해는커녕 공감의 찰나를 공유하는 것도 벅찬 일이지만, 순간의 공감만으로도 친밀감의 기억은 축적될 수 있다. 우선, 존중받고 있다는 확신과 대화가 가능하다는 믿음이 서로에게 더 필요하다. 그러한 상호 신뢰가 없는 상태에서 대화하자는 말은 명령이고 협박에 가깝다. 서로의 거리는 더욱 멀어질 뿐이다. 위계적 관계에서는 더욱 그러하다.

그러므로 디지털 아이들에게 좀 더 친근한 타자이고 싶다면, 서로의 거리를 인정하고 디지털을 매개로 아이들이 무엇을 하고 이를 통해 어떤 의미를 만들고 공유하는지를 이해하려는 노력이 필요하다. 디지털 아이들의 일상과 놀이는, 누구나 그러하듯 거창하고 특별나다기보다 무의미하고 쓸모없고 시시껄렁하고 시간낭비 같은 것들로만 가득 차 보일지도 모른다. 하지만 이 사소함을 공유하고 이해하지 않고서는 서로의 거리는 결코 좁혀질 수 없다.

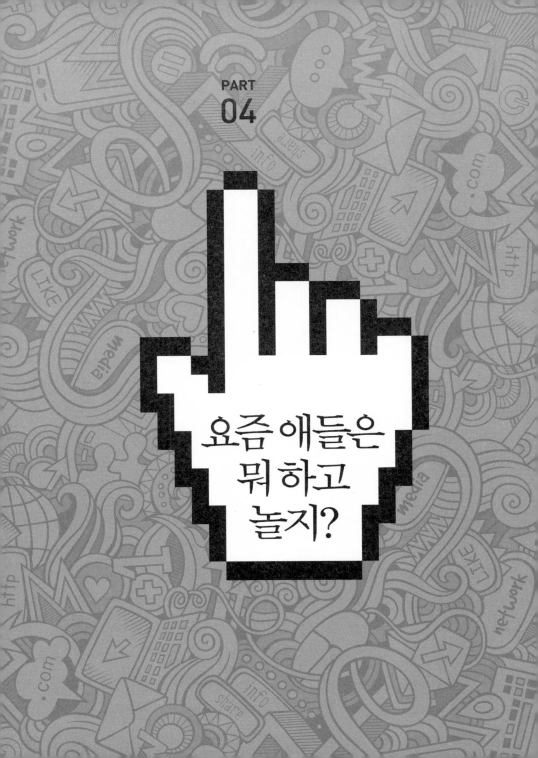

요즘 애들은
뭐 하고
놀지?

디지털 산책자로
만나기

목적 없는 어슬렁거림이 갖는 가치

▶▶ 사람들은 본격적으로 일하기 전이나 이동하는 틈새 시간에 컴퓨터나 스마트폰을 통해 다양한 웹 사이트를 일없이 어슬렁거린다. 그러다 우연히 관심거리를 발견하고 빠져든다. 이런 디지털 사용자는 목적 없이 이리저리 배회하는 산책자에 가깝다.

산책자는 발길 닿는 대로 걷고 기웃거리는, 즉 움직이며 보는 존재라는 의미를 담고 있다. 현대 문화 연구의 새 지평을 연 발터 벤야민Walter Benjamin은 저급하고 손쉬운 것으로 취급되던 영화나 사진 같은 대중문화를 의미 있는 사회적 논의의 영역으로 끌어올렸다.[26] 또한 현대 도시공간의 대중을 익명의 공간을 배회하며 구경하는 다양한 유형의 개인들의 출현으로 보고 이들을 산책자로 명명한다. 메트로폴리스라는 대도시에서 볼거리에 탐닉하고 빠져드는 익명적 대중을 무지한 소비대중이라고 비난하는 대신, 각별한 문화적 시선으로 재평가한 것이다.

인터넷으로 연결된 모바일 세계를 끊임없이 이동하면서 보는 웹 이용자는 산책자의 디지털 버전이다.[27] 디지털 산책자는 움직이지 않으면서 가장 활발히 이동하고 보고 듣는 존재들이다. 디지털 세계에 태어나 스마트폰을 분신처럼 사용하는 요즘 아이들은 대표적인 디지털 산책자들로, 이 어린 산책자들은 스마트폰을 든 채 목적 없이 사이버공간의 이곳저곳을 쏘다닌다. 이들의 이런 두서없는 시간은 쓸모없고 한심한 시간일까.

목적 없이 어슬렁거리는 시간을 무의미하고 쓸모없다고 보는 것은 편견에 지나지 않는다. 흔히 놀이와 진지함을 대립관계로 보지만 이는 결정적이거나 고정된 것이 아니다. 요한 호이징하^{Johan Huizinga}가 《호모 루덴스》에서 말했듯이 어떤 놀이는 실로 매우 진지하며, 또한 놀이 자체는 놀이하는 사람이나 청중에게 우스꽝스러운 것이 아니다. 놀이하는 모습이 설령 우스꽝스럽게 보인다 해도 아이들은 그 어느 때보다 진지하게 놀이에 몰입하고 있는 중이다. 희극이 청중에게 웃음을 유발하는 건 연극 놀이 그 자체가 아니라 그것이 표현하는 생각이나 상황과 관련 있는 것이다.

무엇보다 인간의 뇌는 목적 없이 헤매고 지루해하고 게으를 시간이 필요하다. 게으를 시간이 있어야 자유롭고 창의적인 생각을 할 수 있다. 브리짓 슐트^{Brigid Schulte}는 저서 《타임푸어》에서 시간 스트레스가 뇌를 망가뜨린다는 점에 주목한다. 계속 가해지는 시간의 압박이 뇌의 회백질 양을 줄여, 침착한 태도를 유지하고 생각하고 계획하고 현명한 결정을 내리는 능력을 손상시킨다고 말한다.

시간 부족은 최근의 일만이 아니다. 19세기 산업자본주의의 병적인 노동 숭배를 비판한 폴 라파르그^{Paul Lafargue}는 《게으를 수 있는 권리》에서 '왜 1년 동안 할일을 반 년 만에 해치우는지, 6개월 동안 매일 12시간씩 일하느라 소화불량에 걸리는 대신 1년 동안 하루 5~6시간씩만 일하면 왜 안 되는지' 되묻는다. 게으를 수 있는 권리에 대한 라파르그의 두 세기 전의 질문은 시간 압박과 경쟁적 삶이 일상화된 지금에도 여전히 현실적으로 다가온다.

모바일 세계의 일상화는 시간을 나노 단위로 쪼개며 게으름 피울 시간을 더욱 치밀하게 앗아간다. 디지털 세상에서 이동하기는 그 어느 때보다 쉽고 수월해졌지만 산책자로서 어슬렁거리며 걷기는 점점 더 어려워지고 있다. 고속 열차 KTX의 도입으로 전국은 1일 생활권을 넘어 반나절 이동권으로 진입했고, 스마트폰은 찰나의 시간권으로 일상을 압축하고 있다. 이런 시공간의 압축은 편리함이라는 이름으로 사람들을 숨 가쁠 정도로 움직이게 만들며 잠시 동안 쉴 여유조차 앗아가고 있다.

끊임없는 시간 압박에 시달리는 사람들은 이제 가만히 멈춰서 쉴 수 있는 권리를 요청하고 있다. 2015년 10월 27일 서울시청 앞 서울광장에서 세계 최초로 '멍 때리기 대회(공식 영문 명칭은 Space-out

Competition)'가 열렸다. 미리 신청한 50여 명의 참가자들은 낮 12시부터 한자리에 가만히 앉아 누가 제일 오래도록 멍하게 있을 수 있는지를 겨루었는데, 우승자는 9살 초등학생이 차지했다.

이 대회의 주최자인 웁쓰양(39·예명)과 저감독(34·예명)은 유튜브에 올린 프로젝트 기획 영상을 통해 '제대로 놀지도 못하면서 잠자기 모드를 제외하면 늘 뇌가 깨어 있어 마치 좀비처럼 살아가는 사람들에게 제대로 놀기 위한' 휴식을 제공하고 싶다고 말한다. 이른바 '시간 압박 좀비 탈출 프로젝트'로서 멍 때리기 퍼포먼스는 유례없는 시간 압박과 속도 경쟁에 시달리는 현대인에게 '쉼'의 필요성을 전하고 있다.

또한 멍 때리기 퍼포먼스는 현대인이 직면한 정보 과부하에 대해서도 지적한다. '집에 편하게 있고 싶어도 계속 뉴스라든가 정보가 들리고, 바빠 살아야 되고, 쫓기고, 어딜 가야 되고, 누굴 만나야 되고, 쓰고 기록해야' 되는 상황을 꼬집는다. 그리고 '시청각 등 오감을 통해 감당할 수 없을 정도로 쏟아지는 정보가 만들어내는 긴장 상태를 이완할 수 있는 시간, 말하자면 정말 아무것도 안 하고 멍하니 있을 수 있는 그런 시간이 많지 않다'고 비판한다.

놀이를 만드는 아이들

▶️　　그런데 시간 압박, 자유시간의 결핍이라는 문제는 디지털 아이들을 향한 편견과 만나면 이상하게 적용된다. 예컨대 어른의 관점에서 디지털 아이들은 인터넷과 스마트폰 중독의 늪에 빠져 '움직이지 않으면서', 심지어 '놀 줄도 모르는' 존재로 간단히 치부되곤 한다. 운동장 한 귀퉁이에서 혹은 거실에서 친구들과 옹기종기 모여 앉아 각자의 스마트폰을 들고 각자 게임을 하느라 여념이 없는, 그래서 함께 노는 방법을 모르는 아이들, 놀이를 잃어버린 아이들이라는 이미지로 끊임없이 호명되고 재현된다. 정말 아이들은 놀이를 잃어버린 것일까.

요즘 아이들은 게으를 시간이 없다. 아이들은 놀이를 잃은 것이 아니라, 놀이할 시간을 박탈당했다. 친구와 어울려 놀지 않고 스마트폰만 들여다보는 아이들이라고 말하지만 아이들이 경험하는 현실은 이와 다르다. 대부분의 시간을 공부하는 데 할애해야 하는 아이들에게 컴퓨터와 인터넷, 스마트폰 같은 디지털 미디어는 오로지 학습 도구일 때만 선선히 허용된다.

학원 가방을 맨 아이들이 디지털 패드를 들고 있는 모습은 흔한 풍경이다. 요즘 학원은 대부분 컴퓨터와 인터넷은 물론이고 휴대할 수 있는 학습용 디지털 패드를 사용하고 있다. 아이의 성공적인 미래를 소망하는 부모들은 디지털 기기를 학습용 도구로 쥐어주는 데 거리낌이 없다. 한편으론 혹시 공부를 소홀히 하는 일탈의 통로가 되지 않을까 걱정하곤 하지만 그에 비해 인터넷과 스마트폰 등의 미디어가 나름의 관심사를 찾고 휴식과 즐거움을 추구할 수 있는 매개체가 될 수 있는지에 대해서는 별 관심이 없다.

하지만 놀이 없이 인간은 없다. 많은 놀이 연구자들은 놀이야말로 인간의 본질이라고 말한다. 그렇다. 인간은 놀이하는 존재, 호모 루덴스다. 인간은 놀이를 통해 만들어진다. 놀이의 규칙은 인간의 원초적인 욕구와 사회적 삶의 원리를 동시에 반영하고 있다. 예컨대 유아는 놀이를 통해 자기를 형성하고 인간의 삶을 터득한다. 유아에게 놀이는 신체적, 정신적 발달을 위한 일상적인 활동이며, 정서와 지능, 창의성의 계발은 물론이고 리더십, 사교성, 의사소통 같은 사회성 발달에도 큰 영향을 미친다.

어른들은 아이들이 스마트폰에서 눈을 떼지 못한다고 나무라지만, 일상적인 공부 압박과 시간 결핍에 시달리는 아이들의 디지털 사용은 오히려 합리적이고 심지어 창조적인 면모를 띠기도 한다. 늘 쫓기듯 바쁜 아이들에게 스마트폰은 집에서 학원으로, 학원에서 학원으로, 학원에서 집으로 이동하는 자투리 시간을 가장 효율적이고 알차게 활용할 수 있는 방편이다. 비록 짧은 시간에 불과하지만 어린 디지털 산책자들은 인터넷과 스마트폰을 매개로 디지털 세계의 이곳저곳을 기웃거리고 헤매며 긴장을 풀고 여유를 느끼기도 한다.

아이들이 더 이상 친구들과 대화하지 않고 함께 어울리지도 않는다는 것 역시 사실이 아니다. 경쟁 압박과 지나친 규제와 낡은 규범이 여전한 학교지만, 어른들도 그랬던 것처럼 아이들은 친구들이 있어 학교 다닐 맛이 난다고 한다. 《2015년 청소년 통계》를 보면, 학교생활 만족도와 관련한 질문에 교육 방법이나 교육 내용에서는 35.0퍼센트와 41.2퍼센트인 반면, 교우관계 만족도는 71.2퍼센트로 가장 높은 수치를 보이며 중학생과 고등학생 모두 70퍼센트가 넘는 긍정적인 답변을 하고 있다.

인터넷과 스마트폰은 디지털 아이들이 친구들과 일상의 인간관계를 형성하고 친밀함을 유지하고 나름의 문화를 공유하는 데 중요한 매개체다. 설령 학습의 볼모가 되어 사회적 시간을 박탈당한 경우에도 놀이를 위한 시도는 멈추지 않는다. 친구와 함께할 수 없는 시간은 스마트폰을 통해 혼자서도 잘 노는 시간으로 바뀔 수 있다. 스마트폰은 음악을 듣거나 게임을 할 수 있게 하며, 어색한 상황이나 시선 앞에 무심하고 담담한 척할 수 있도록 하며, 속상한 잔소리로 불편해진 마음을 말없이 위로하는 친구도 될 수 있기 때문이다.

자유 시간이라고 해서 별다른 노력 없이 저절로 누릴 수 있는 것은 아니다. 제대로 게을러지고 제대로 놀기 위해서는 자신에게 맞는 방식을 찾고 경험하고 익숙해지는 과정이 필요하다. 제대로 된 여가와 놀이를 찾고 누리기 위한 절대 시간이 필요한 것이다. 하지만 성인은 물론 아이들조차 시간 결핍은 가장 현실적인 벽이다. 그러므로 놀 줄 모른다는 비난 대신 놀이를 찾는 아이들 나름의 노력을 들여다볼 일이다. 친구들과 수다 떨기, 만화 보기, 음악 듣기, 그리기 등 부모 세대가 보낸 게으른 시간은 디지털 아이들에게는 카톡 하기, 웹툰 보기, 유튜브 하기, 디지털 드로잉 등으로 변환되고 있다. 이런 디지털 전환이 어린 산책자의 쉼과 여유로 향유될 수 있도록 제대로 된 자유 시간을 위한 디지털 활용법을 함께 고민할 필요가 있다.

모바일 세계에서
이야기하기

모바일 대화 : 손으로 말하기

▸▸　　　　디지털 아이들은 스마트폰과 한 몸처럼 움직인다. 정보미
디어를 단순한 커뮤니케이션 수단이 아니라 '인간 감각기관의 연장'
으로 파악한 맥루한 Marshall McLuhan 의 논의처럼, 자신을 표현하고 소
통하려는 청소년들에게 스마트폰은 신체의 일부이자 분신과도 같
은 존재라고 할 수 있다.[28] 디지털 아이들은 손쉽게 휴대하고 움직
일 수 있는 스마트폰을 매개로 부모나 교사의 관리적 시선을 벗어
나, 행위의 선택지를 넓히고 좀 더 자율적으로 무언가를 도모할 수
있는 여지를 갖는다.

　　다시 말해 청소년의 일상생활에서 이동전화는 단순한 의사소통

도구나 정보를 주고받는 수단 그 이상이다. 디지털 아이들은 스마트폰을 매개로 자기 자신을 표현하고, 또래 친구들과의 관계를 만들고 유지하고, 새로운 문화적 실험 등을 위해 유용하게 활용한다. 자기 표현과 관계적 소통, 문화의 발명은 별개의 차원이 아니다. 디지털 연결을 통해 친구들과 친밀함을 도모하고 자기들만의 경험과 가치를 공유하는 과정은 자기정체성을 형성하는 과정이기도 하다.

혹자는 이 문화적 가능성을 새롭고 실험적이고 이질적인 디지털 세대의 문화 창조로 발 빠르게 선언하기도 한다. 디지털 세대, X 세대, N 세대 등 다양한 용어들이 그것인데, 하지만 이런 방식의 디지털 선언은 현실적인 맥락과 변화를 반영하지 못한, 수사적이고 시장 선점을 위한 구호에 불과한 경우가 허다하다. 오히려 디지털 문화의 탄생은 마치 세대 간 상징 경쟁이 격화되는 전쟁터에 가깝다. 온라인 게임만큼이나 문제적 시선이 집중되는 청소년들의 대화 방식이나 디지털 언어에 대한 평가들을 떠올려보면 이해할 수 있을 것이다. 하지만 디지털 아이들의 대화와 언어 사용에는 나름의 이유가 있다.

디지털 시대로 진입하면서 우리의 신체 중 하루 종일 가장 바쁜 곳은 아마도 손가락일 것이다. 이동전화를 이용하는 데 있어 문자 메시지를 더 선호하는 10대 아이들의 엄지손가락은 쉴 틈이 없으며, 엄지손가락을 이용해 정보 검색과 게임, 문자 보내기 등을 순식간에 해치우는 특성을 일컬어 엄지족이라 불리기도 한다. 실제로 대한민국의 청소년은 세계 최고의 모바일 엄지족이기도 하다. 문자 메시지를 가장 빠르고 정확히 보내는 최고의 엄지족을 선발하는 세계적인 문화 축제 'LG 모바일 월드컵^{Mobile Worldcup}(World Championship New York)'에서 한국 청소년 대표는 매년 좋은 성적을 거두고 있다.

그런데 10대들은 왜 말보다 문자로 소통하는 것일까. 청소년이 문자 통화를 더 즐겨 사용하게 된 데는, 이동전화 초기만 하더라도, 문자가 유선 통화나 이동전화의 음성 통화에 비해 비용이 저렴하다는 점이 작용했다.[29] 10초 단위에서 1초 단위로 부과되는 요금체계로 바뀌었지만 음성 통화 요금은 통신비용을 부모에게 의존하는 청소년에겐 경제적으로도 심리적으로도 부담스러운 게 사실이었다. 하지만 초기의 이러한 요금장벽과는 달리, 최근에는 사정이 많이 달라지고 있다. 일반 통신요금제는 물론 청소년 통신요금제도 데이터 중심으로 요금이 부과되면서, 음성 통화는 대부분 무제한으로 제공되기 때문이다. 그럼에도 아이들은 물론 어른들도 음성 통화보다는 문자 대화를 더 편하게 여긴다.

그 배경에는 단순히 경제적 비용으로만 설명할 수 없는 합리적이고 현실적인 이유가 있다. 문자 메시지는 다른 커뮤니케이션 수단에 비해 '유연화된 개인 간 상호작용'이라는 특징이 강하다. 유선전화나 이동전화의 음성 통화와 달리, 문자 메시지는 개인의 상황과 편의에 따라 동시적 혹은 비동시적으로 소통하는 것이 가능하다. 즉, 각자가 선택한 시간에 대화의 시작과 지속을 조절할 수 있다. 학교에서 학원으로, 학원에서 학원으로 끊임없이 쫓기듯 움직여야 하는 아이들의 상황을 고려할 때 문자 대화는 최적화된 대화 방식 중 하나라고 할 수 있다.

문자 메시지를 음성 통화보다 선호하는 건 아이들만이 아니다. 특별한 사안이 아니면 사람들은 웬만하면 문자 메시지나 이메일로 소통하길 바란다. 일이나 업무 관계이거나 가깝지 않은 사람에게는 전화부터 하기 전에 전화해도 되는지, 통화 가능한 시간은 언제인지 묻는 문자 메시지를 보내는 게 일상의 대화 에티켓이 되고 있다. 문자 메시지나 이메일이 음성 통화나 면대면 대화를 대신하는 현상을 대화의 종말로 진단하는 이들도 있지만, 문자나 이메일 등을 통해 소통하는 상황과 맥락을 이해한다면 대화의 종말이라는 견해가 얼마나 단순한 것인지 알 수 있다.

예를 들어 면대면 대화 상황과 유사한 영상 통화 서비스가 처음 나왔을 당시에 소통 방식에 획기적인 영향을 줄 것으로 다들 기대했다. 하지만 공식 회의나 업무에 활용하기에는 잦은 끊김 현상 같은 기술적 제약이 많았다. 음란행위를 목적으로 상대방의 동의 없이 특정 신체 부위를 노출하는 등의 부작용도 빈번하게 발생했다. 이로 인해 지구촌 반대편에 있는 익명의 누구와도 함께 대화를 나눌 수 있다는 기대는 사실상 약화되고 있다. 실제로 영상 통화는 멀리 떨어져 지내는 가족이나 연인 간의 대화나 어학교육용 등의 실용적 용도로 제한적으로 쓰일 뿐 그 사용 범위는 그다지 넓지 않은 편이다.

그런데 영상 대화 서비스의 부진은 비단 기술적이거나 일탈적인 측면만 있는 것이 아니다. 유사 면대면 대화로서 영상 통화는 각자가 처한 소통 상황의 맥락을 고스란히 드러내야 하며, 대화 과정을 원만하게 유지하기 위한 사회 문화적 처세와 인상관리, 심리적 비용도 필요하다. 어질러진 집 안에서 늘어진 실내복을 입고 세수도 안한 얼굴로 아무렇지 않게 업무 관계의 상대방과 혹은 연인과 대화를 나누기는 어렵다. 그래서 한때 영상 대화용 배경과 의상을 제공하는 앱이 필요하다는 우스갯소리도 있었을 정도다.

실제로 사람들은 전화 통화가 너무 많은 걸 요구하며, 상대방에게도 큰 부담으로 받아들여질 것을 염려한다.[30] 대면 대화나 유사 면대면 대화보다는 덜하지만, 음성 통화 역시 문자보다는 소통의 부담과 감정적 비용이 크다. 문자 대화나 이메일에서는 원하는 만큼 자신을 드러낼 수 있으며 부적절한 표현은 수정할 수 있다. 이에 비해 대면 대화나 음성 통화는 적절한 대화 상황을 유지하기 위해 고려해야 할 요소가 매우 많다.[31] 마치 물 위에 우아하게 떠 있는 백조의 발이 시종일관 분주한 것처럼, 긴장과 불안감, 불편함이 결코 드러나지 않도록 공손한 목소리, 음성의 높낮이, 적절한 음량 등을 통해 자연스러움 그 자체로 대화 상황을 연출해야 하기 때문이다.

쉴 새 없이 수다-하기: 친밀성의 실천

▶▶   스마트폰이 대중화되기 전인 2000년대 중반 즈음, 중학생들의 문자 메시지 이용 문화에 대한 인터뷰를 할 당시 아이들은 하루에 200~300개는 물론이고, 많게는 천 개도 넘게 문자 메시지를

보낸다고 말했다. 한 달 무료 문자 100개 가운데 절반도 못 쓰던 나로서는 참으로 놀라운 사실이었다.

그런데 돌이켜 생각해보면 10대의 나 역시 문자키드였다. 새 학년 다른 반이 된 단짝 친구에게 수업시간에 몰래 쓴 쪽지를 주고 다음 수업 후에 답장 쪽지를 받았던 기억이 있다. 그 쪽지에는 대체로 수업이 너무너무 지루하다, 빨리 점심시간이 되면 좋겠다, 점심 먹고 나니 잠이 쏟아진다는 등의 내용이었다. 이 쓰잘머리 없는 쪽지 주고받기는 한동안 쭉 이어졌다.

정보의 교환이나 사실 전달이 아닌, 정서적이고 친밀한 관계를 유지하기 위해 별 의미 없는 짧고 일상적인 대화를 주고받는 것을 사교적 대화라고 한다.[32] '안녕', '잘 지냈니'처럼 간단하고 의례적인 인사나 흔히 스몰토크Small Talk라고 부르는 사소하고 시시껄렁한 잡담이나 수다가 그 예가 될 수 있다. 이런 잡담과 수다처럼 하나 마나 한 이야기는 왜 예나 지금이나 계속되고 있을까.

대개의 경우, 가치 있는 시민적 대화는 사회적이고 논쟁적인 사안이나 이슈에 서로의 상반된 의견을 나누고 결론을 이끌어내는 방식이라고 생각한다. 영국의 사회학자 리처드 세넷Richard Sennett은 이처럼 대립항들의 활동을 통해 합의에 이르는 방식의 대화를 변증법적 대화라고 부른다. 이와 달리 합의나 종합, 결말을 목적으로 하지 않은 채 각자의 견해와 경험들에 대한 반응을 지켜보고 듣는 데 집중하는 방식을 대화적 대화dialogic conversation라고 구분한다.[33]

대화적 대화를 통해 사람들은 각자의 견해가 퍼즐 조각처럼 깔끔하게 들어맞지는 않지만 이야기를 주고받는 과정에서 정보와 지식, 즐거움을 얻을 수 있으며 무엇보다 더 많은 표현과 감정이입을 경험할 수 있다. 목적이나 결론 없이 이어지는 수다는 대화적 대화의 가장 대표적인 예다.

또래 친구와 교감을 나누는 대화는 청소년의 정체성 형성 과정에서 결정적으로 중요하다. 정체성은 고정되거나 예정된 목표지점이 있는 것이 아니라 주어진 상황과 역할에 따라 끊임없이 변화하는 과정에 있다. 정체성을 형성하고 다시 수정하는 과정에서 부모와 친구, 동료 등과 같은 일상적 타자들이 갖는 의미는 매우 크다. 이들 일상적 타자들과 관계를 맺고 친밀감을 형성하는 과정은 아이들에게 자기 자신은 누구인지, 무엇을 해야 하는지 등을 끊임없이 재정의하는 과정이며 사회적 존재로서의 감각과 역할을 느끼고 체득하는 과정이기도 하다.

지금도 그렇듯, 일견 무의미하고 시시껄렁해 보이는 대화는 가장 친밀한 관계에서만 가능하다. 수다야말로 친밀함을 형성하고 유지하는 원동력이기 때문이다. 쓰잘머리 없고 시시껄렁한 대화, 이른바 수다는 친구나 이웃, 가족, 직장 동료 등 일상적 관계의 농도와 깊이를 말해주는 실질적인 척도다. 실제로 왠지 불편하거나 복잡한 고려가 필요한 누군가의 등장은 사람들 사이의 격의 없고 활발한 대화 상황을 의례적이고 피상적인 응답 관계로 급전환시킨다.

카톡 대화를 떠올려보자. 나도 모르게 편안히 손이 자주 가는 카톡의 대화상대는 친구나 가족처럼 사회적 이해관계가 복잡하게 얽

히지 않은 누군가이다. 뭔가 얘기를 나눈 것 같지만 따지고 보면 별다른 대화 내용도 없다. 특정한 내용이 아니라 마음 편한 수다가 오갈 수 있는 관계 자체가 의미와 가치를 지닌다.

수다가 편안한 것은 내용이 없어서가 아니다. 일견 쓸데없어 보이는 이야기 주고받기가 끊이지 않고 지속되는 데는 체현된 고도의 대화 기술이 작용하고 있다. 편안하고 지속적인 수다는 자신을 타인의 상황에 맞춰 공감하고 감정을 이입하고 우회적으로 표현하는 대화적 대화의 규칙과 관습이 상호간에 암묵적으로 실행되고 있기에 가능하다. 이런 점에서 보면, 디지털 아이들이 주고받는 끊임없는 문자 대화는 관계를 지향하는 욕구이며 친밀감을 유지하기 위해 고군분투하는 실천 방식이라고 할 수 있다.

따로 또 같이 대화하는 아이들

▶▶　　그럼에도 불구하고 디지털 아이들의 소통방식에 대한 우려는 쉽게 가시진 않는다. 예컨대 아이들이 직접 얼굴을 마주하고 이야기하는 것보다 문자로만 말하고, 함께 있어도 각자 스마트폰만 바라보는 현상은 미래 세대가 대화하지 않는 것은 물론 대화능력을 상실하는 데까지 이를 것이라는 주장들이 그러하다.

디지털 소통이 사람들의 관계를 파편화할 것이라는 이런 생각은 다양한 층위를 포함하고 있다. 널리 알려진 주장은 스마트폰이 사람들 간의 접촉을 줄여 결국은 인간관계를 단절시킨다는 것이다. 요즘 아이들은 함께 있지만 따로 논다고 말하는가 하면, 더 이상 함께 어울릴 줄 모르는 아이들이 결국은 외로운 사람들이 될 것이라고 예견한다. 같이 있지만 각자의 디지털 세계에 빠져 있으므로 함께하기의 결핍이 심화된다는 것이다.

전혀 다른 각도에서 관계의 단절을 설명하는 주장도 있다. 함께하기의 부족이 아니라 오히려 함께하기의 과잉이 아이들의 대화능력에 부정적 영향을 미친다는 입장이다. 사람들은 지나칠 정도로 소통의 욕구에 사로잡혀 있어서 친구와 대화를 하다가도 발신자 불명의 전화를 받고, 운전 중에도 소셜 서비스를 이용하고, 스마트폰을 들여다보다 차에 부딪히기도 한다는 것이다.

이 같은 함께하기의 과잉을 우려하는 시각은 지나친 연결이 청소년에게 심각한 문제를 유발한다고 본다. 즉, '디지털에 묶인 채 성장하는 아이들'은 시종일관 연결 대기 상태에 빠져 있어 자기 자신을 발견하고 생각할 시간은 전혀 갖지 못하게 된다.[34] 이로 인해 성찰능력이 부족해짐으로써 늘 연결되어 있지만 제대로 연결할 수 없는, 즉 대화불능 상태에 빠지게 된다는 것이다.

함께하기의 결핍과 연결 과잉을 말하는 두 시각 모두, 대화의 능력을 잃어버린 외로운 세대로의 귀결을 디지털 아이들의 디지털 미래로 제시한다.

하지만 스마트폰이나 소셜 네트워크가 대화하지 않는 외로운 사람들을 만들어내고 행복한 삶을 방해하는 걸림돌이 된다는 주장은 일방적이고 단순하다. 여기에는 디지털을 매개로 새롭게 등장한 또 다른 대화 방식이 있다는 것, 이 새로운 상호작용에 적응하는 한편으로 기존 대화 방식과의 적절한 연결 지점을 모색하기 위한 미시적 수준의 다양한 실천 방식들이 존재한다는 사실이 빠져 있다.

우연히 아이와 어깨를 맞대고 소파에 나란히 앉아 메신저로 말이나 글자 없이 이모티콘만 주고받은 적이 있다. 옆구리 찌르는 장난처럼 시작한 문자 대화였지만 한참 동안 서로 깔깔거릴 만큼 재미있는 놀이를 경험했다. 스마트폰 덕분에 아이와 할 수 있는 즐거운 놀이와 대화의 공간을 온라인에서 하나 더 발견한 셈이다. 이 문자 놀이는 외부 관찰자의 눈에는 한심한 시간낭비처럼 보일지 모른다. 하지만 문자 놀이 자체는 한없이 가벼워 보여도 놀이의 순조로운 진행 자체는 그렇게 단순하지 않다. 서로 의례적인 관계거나 조금이라도 불쾌한 감정이 있는 경우라면 결코 수행될 수 없고 금방이라도 깨질 수 있는 함께 놀기의 방식이기 때문이다.

테크놀로지가 초래하는 과잉 연결이 네트워크에 묶인 불행한 자아를 양산하고 있다는 주장 역시 비판적으로 되돌아볼 지점이 있다. 초 연결이든 과잉 연결이든 그 어느 때보다 두드러지는 연결성이 디지털 시대의 특징이라는 점을 부인하기는 어렵다. 하지만 연결이 자아를 불행하게 만든다는 것은 다른 문제다. 역사적으로 돌이켜보면, 사회적 동물로서 인간은 연결 관계와 함께 존재했고 또한 새로운 연결 방식을 언제나 만들어왔다. 연결될수록 행복하지도 않지만, 덜 연결된 사회가 더 연결된 사회보다 행복하다는 근거 역시 없다. 외부와 완전히 단절된 이상향은 세상 어디에도 없는 곳, 단지 유토피아일 뿐이다(유토피아의 어원은 존재하지 않는 곳, 없는 곳이다).

디지털 연결 사회에서 관계 맺기에서 가장 두드러지는 변화는 '함께, 따로'가 아니라 '따로 또 같이'라는 소통 방식이다. '따로, 또 같이'는 '대면적이면서 모바일이 매개된 만남 face-to-face-to-mobile Phone'으로, 디지털을 매개로 '움직이지 않으면서 움직이고 만나지 않으면서 만나는' 새로운 상호작용이다(존 어리John Urry의 《모빌리티》에 나오는 용어로, 한국어판에서는 '얼굴 대 얼굴 대 이동전화 만남'이라고 번역돼 있다). 디지털 아이들은 만남과 대화를 하지 않는 것이 아니라 예전과는 다르게 만나고 이야기를 나누는 것이다. '따로 또 같이'에서도 대화의 본질은 바뀌지 않는다. 하지만 이전 방식보다 더 많은 사회적 감정적 에너지가 요구되는데, 이는 대면적 맥락을 보완하고 친밀성을 유지하기 위해 더 많은 생각과 선택이 이뤄지기 때문이다.

틈새의 자투리 시간을 제외하면 아이들이 스마트폰을 매개로 상호작용하는 상대는 주로 친구들이다. 시답잖은 수다를 떨고 친구와 오프라인에서 찍은 사진을 카카오톡이나 인스타그램 같은 소셜 네트워크를 통해 면대면 상태가 아닌 다른 친구들과 실시간 공유하는 일은 아이들에겐 일상 그 자체다. 이것은 무의미한 시간 낭비가 아니라, 부모 세대가 그러했듯, 친구들과 함께 자라고 성장하는 또 다른 방식이자 과정이다. 오히려 문제는 친구를 만나러 학원에 가야 할 정도로, 주어진 사회적 시간이 너무 적다는 데 있지 않을까.

학원을 향하는 아이들의 발걸음엔 애처로운 한기가 감돈다. 학원이 끝난 늦은 밤과 틈새시간에 아이가 들고 있는 스마트폰을 지적하며 만남과 대화의 부재를 묻고 진정한 휴식을 운운하며 훈수를 두는 것은 아이의 입장에선 무척 황당한 일이다. 부모로서도 뾰족한 수가 없다. 다만 이 상황을 당장 바꿀 수 없으니 끊임없이 균형을 찾아보는 수밖에.

디지털 아이들의
구별짓기 놀이

휴먼급식체라고?!

▶▶   디지털 아이들의 언어 표현은 무척이나 감각적이다. 무슨 말인지 도무지 알 수 없다가도 그 뜻을 알고 나면 그 탁월한 조어력에 절로 무릎을 치게 된다. 그 대표적인 예가 휴먼급식체다.

휴먼급식체는 학교에서 급식을 먹는 초·중·고등학생들이 인터넷에서 자주 쓰는 문체를 일컫는다. 주요 용어로는 ㅇㅈ? ㅇㅇㅈ(인정? 어 인정), ㅇㄱㄹㅇㅂㅂㄱ(이거레알 반박불가), ㄹㅇㅌㄹ(레알트루), ㄹㅇㅍㅌ(레알팩트), ㄱㅇㄷ(개이득), 에바 떤다(오버 떤다), 현웃(현실에서 웃다), 지리구요 오지구요(오줌을 지릴 정도로 오달지다, 흡족하다), ~~각·~~하는 각(적절하거나 예상하는 상황) 등이 있다.

이런 디지털 언어들은 대체로 자음만으로 표현된 축약어이거나 우리말과 외래어가 혼용된 형태이며, 연령이나 성별에 따른 특성을 전형적인 방식으로 제시한다. 그래서 아이들의 인터넷 용어를 휴먼급식체라고 한다면, 중년 남성과 기혼 여성의 웹 언어는 각각 휴먼아재체, 휴먼줌마체로 불리기도 한다.

꼰대체나 노땅체, 틀니체로도 불리는 휴먼아재체는 인터넷상에서 주로 40~50대 이상 아저씨들이 많이 모인 포털 사이트 뉴스 댓글 란이나 온라인 게임에서 일방적이고 폭력적인 표현이나 사고방식을 가진 사람들이 쓰는 용어를 지칭하는 데서 비롯되었다. 쉼표와 마침표, 물음표, 물결 표시, 느낌표를 과다할 정도로 많이 쓰며 말을 불필요하게 길게 늘이거나 오타가 많고 띄어쓰기가 틀리는 경우도 많다. '~읍니다' 같은 옛날식 표현을 쓰거나 남을 다그치고 가르치려는 말투로 쓰며 대체로 반말이나 욕설을 많이 쓴다.

휴먼줌마체는 휴먼아재체와 달리 존댓말을 기본으로 하며 '○○맘'이라는 닉네임을 많이 사용한다. 또한 아기자기하고 상냥하고 애교 넘치는 말투와 느낌이 넘치도록 미소나 웃는 소리를 나타내는 특수 문자나 이모티콘을 많이 사용하며, 마침표도 두 개 이상 찍고 느낌표, 물결 표시, 하트 모양 등을 애용한다. ^^, *^^*, ~해용, ~여, 이궁~, 에공~, 우힛~ 등 남푠(남편)~, 딸랑구(딸)~♡ 등의 표현을 쓴다. 연예인 같은 유명인들이 자신의 SNS나 오픈 커뮤니티에서 이런 휴먼○○체로 불리는 표현들을 팬들과 허물없이 소통하는 한 방식으로 사용하면서 일종의 놀이 코드로 받아들여지고 있다.

신조어 문체의 종류					
일반	나스체	도깨비말	사물존칭	박근혜 화법	야민정음	오타체
	외계어	이응체	적절체	지큐체	통신체	
특정 그룹이 쓰는 문체	급식체	나무위키체	노땅체	다나까체	여자어	연서복체
	오덕체	일진어	줌마체	중2병체		
끝말체	근성체	근영체	긔체	꺾기도체	나영체	냥체
	랄까	삼체	해오체	~스무니다체	~슴다체	~아체
	알 게 뭐야	음슴체	이기야	자랑체	~지 말입니다	카더라
	~해체					
기타, 외국어 관련	보그체	세로드립	세줄요약	왈도체	인살어	번역체 문장
문체: 일반 문체/신조어 문체						

*자료출처 : 나무위키

디지털 언어에 대한 시선은 그다지 곱지 않다. 사이버 공간은 물론이고 일상에서도 청소년들은 축약어나 외계어 같은 변형된 언어는 물론이고 은어나 비속어도 많이 쓴다. 이런 디지털 아이들의 언어 사용은 언어 파괴나 세대 간 소통 단절, 잘못된 언어 습관 등을 이유로 부정적으로 평가된다. 또한 한남충, 멸치남, 씹치남이나 김치녀, 된장녀, 맘충 같은 성별화된 혐오 언어와 마찬가지로, 급식충의 언어로 불리기도 하는 휴먼급식체는 디지털 아이들을 비하하고 조롱하는 뜻으로 쓰이기도 한다.

하지만 디지털 언어를 아이들의 잘못된 언어 사용으로 규정짓고 이를 교육으로 교화하려는 태도는 지극히 기성세대적인 관점이다.

디지털 언어를 혐오 코드만으로 해석하는 것도 편향된 시선이라 할 수 있다. 그보다는 아이들의 일상에서 디지털 언어 사용이 갖는 의미가 무엇인지 이해하는 것이 우선이다.

언어는 언제나 새롭게 창조되며, 신조어는 언어의 생기를 불어넣는 역할을 한다. 아이들이 사용하는 인터넷 용어도 그렇다. 마치 이제껏 살아오며 은어와 비속어를 단 한 번도 써보지 않은 것처럼, 어른들은 아이들의 조악하고 거친 언어 사용이 잘못된 언어 습관을 만들고 정서와 성장 발달에 악영향을 끼친다고 말한다. 하지만 소위 시대를 막론하고 아재들이 펼치는 '요즘 애들은'이라는 레퍼토리는 늘 지속되어왔다.

예컨대 1990년대 중반 하이텔과 천리안, 나우누리 같은 모뎀통신 시절에도 통신 언어에 대한 논란은 끊이지 않았다. 지금은 아재와 줌마가 된 당시 20대 피시통신 이용자들은 온라인 공간에서 어쒀여 (어서오세요), 방가방가(반갑습니다), 안냐세여(안녕하세요), 만찬어(많지 않아요), 이짜나여(있잖아요), 마즘(맞음), 겜잼업(게임이 재미없다) 같은 축약어라든지, 별이나 하트 같은 온갖 특수 문자를 활용한 온라인 용어를 즐겨 썼다. 지금으로서는 단순해 보이기조차 한 이런 표현들도 당시에는 기존 문법을 파괴하고 지적인 사고를 방해하는 분별력 없고 잘못된 언어 사용이라는 비판을 아재들의 아재들에게서 끊임없이 받았다.

디지털 언어, 놀이의 약속이자 비밀

▶▶ 　　10대에 진입할 즈음이면 대체로 아이들은 욕을 알고 사용하기 시작한다. 마냥 순수할 것만 같은 아이의 입에서 툭툭 튀어나오는 낯선 표현들과 욕설에 부모들은 깜짝 놀라곤 한다. 그리고 부모로서 자녀 교육을 잘못한 건 아닐까, 아이에게 혹시 말 못할 무슨 문제라도 있는 건 아닐까라는 고민을 갖게 된다.

아이들의 일상생활에서 욕설과 비속어는 마치 일상 언어처럼 사용되곤 한다. 내뱉는 단어가 어떤 의미인지 모른 채 일종의 놀이인 것 마냥 가볍게 쓰기도 한다. 예를 들어 '드립'은 애드리브의 줄임말이지만 보통은 쓸데없는 소리라는 의미로 쓰인다. 이런 '드립' 가운데 '패드립'은 '패륜 + 드립' 또는 '패밀리 + 드립'의 합성어로 상대방의 부모나 조부모 혹은 그 외 가족 친지를 성적 농담의 소재로 삼아 조롱하는 욕설을 일컫는다. 자음 축약으로 된 패드립을 장난처럼 쉽게 쓰기도 한다. 그런가 하면 대신 욕을 해주거나 적당한 욕설이 떠오르지 않을 때 도움을 주는 욕 어플은 물론이고, 마치 게임을 즐기듯 서로에게 욕을 퍼부을 수 있는 욕배틀 어플도 있다.

사전적 의미에서 욕설은 남을 모욕하거나 저주하는 말이지만, 이런 언어도 어떤 상황과 맥락이냐에 따라 의미가 달라질 수 있다. 무엇보다 시대를 막론하고 10대들의 은어 사용은 변수가 아니라 대체로 '상수'에 가깝다.[35] 그리고 청소년들이 낯선 축약어나 비속어 등을 쓰는 이유 또한 단순하지 않다.

물론 자신과 다른 상대나 집단을 무차별적으로 대상화하고 혐오하는 욕설이나 비하적인 표현까지 문화 다양성으로 정당화할 수는 없다. 근거 없는 혐오나 비하는 문화의 다양성을 표출하는 방식이 아니라 다양성을 파괴하는 행위다. 몇몇 웹사이트에서 남용되는, 타인과 다른 집단을 노골적으로 혐오하고 비하하는 표현들을 무슨 뜻인지도 모른 채 생활언어로 장난처럼 쓰는 것은 분명 문제다.

그럼에도 불구하고 10대들의 디지털 언어를 문제적 언어로만 접근하는 것은 지극히 제한적인 관점이다. 아이들의 디지털 언어코드에는 그들만의 독특한 문화적 태도가 있다. 각종 웹사이트나 문자 대화에서 디지털 아이들이 사용하는 축약어는 시간 단축을 통해 소통의 효율성을 높이는 합리적 선택이라는 맥락에 놓여 있다. 세 음절로 사회 구조와 상황을 단숨에 가시화하는 헬조선, 흙수저 같은 단어는 언어의 파괴가 아니라 촌철살인의 표현이다. '답은 정해져 있고 넌 대답만 하면 돼'의 줄임말인 '답정너'는 아이들이 학교와 가정, 친구 관계에서 직면하는 일방적인 대화 상황을 간결한 단어로 나타낸다. 이뿐만이 아니다. 개ㅇㅇ(개조아), 핵ㅇㅇ(핵꿀잼, 핵노잼)이나 갓ㅇㅇ(갓연아) 등의 표현 방식은 감정의 공유 그 자체가 더 많은 가치를 부여하는 소통의 특징을 보여준다.

이처럼 압축적인 말줄임과 이질적인 언어의 혼용, 강도 표현이 두드러지는 디지털 언어는 이를 사용하는 집단 특유의 상징 토템을 만들고 공유하는 문화적 과정이다. 어느 집단에게나 특유의 언어 표현 방식과 독특한 사용 습관은 보편적이다. 즉, 휴먼급식체나 휴먼아재체, 휴먼줌마체는 집단의 특징을 드러내는 나름의 언어 토템이다. 디지털 언어를 통해 아이들은 자신이 어디에 속하고 그렇지 않은지, 누구와 가깝고 먼 사이인지, 무엇을 해야 하고 하지 않아야 하는지 등에 대한 구체적인 집단 감각을 획득한다.

물론 습관적으로 욕설이나 비속어를 사용하거나 멋지고 강해 보이기 위한 자기과시 차원에서 쓰는 경우도 많다. 말하자며 '쎄' 보이기 위해 쓰는 것이다. 하지만 대체로 아이들은 친구들이 쓰니까 따라서 사용하거나 왠지 서로에게 더 친근하게 느껴지는 것 같아서 쓴다고 말한다.[36] 꾸밈이나 가감이 없는 직설적인 욕설 사용이 서로가 서로에게 속해 있다는 유대감과 친근감을 만들고 유지하는 역할을 한다는 것이다.

디지털 아이들이 사용하는 휴먼급식체 같은 낯선 디지털 언어는 성인이나 다른 집단과의 구별짓기라는 의미도 지닌다. 성인에 비해 자기표현의 통로가 상대적으로 제한된 청소년은 오프라인과 온라인 공간에서 비속어와 욕설, 은어를 사용함으로써 자신들만의 자유와 즐거움을 누릴 수 있다. 다시 말해 아이들이 사용하는 디지털 언어는 일탈이나 문제적 언어가 아니라, 아이들이 공유하는 하나의 문화이자 자신들만의 문화적 경계를 구축하는 과정이다. 디지털 언어를 통해 아이들은 그들만의 독특한 문화 공간과 경험을 가질 수 있다. 외부자로서는 쉽게 알아차리기 힘든 암묵적인 언어의 약속이며 놀이의 비밀이기 때문이다.

말하지 않을 권리는 누구에게나 있지만 말할 자유를 뺏을 권리는 아무에게도 없다. 아는 척 걱정하고 훈계하는 휴먼틀니체를 구사하는 대신, 아이들의 디지털 언어를 있는 그대로 두고 볼 끈기부터 먼저 가질 일이다.

자기연출과
말하지 않을 권리

디지털 세계에서 인상관리하기

▶▶   영화 〈변검〉의 장인은 순식간에 얼굴의 가면을 바꾸는 마술 같은 기교를 보여준다. 찰나처럼 지나가는 가면들은 기뻐하고 성내고 슬퍼하고 즐거워하고 사랑하고 미워하고 욕심내는 칠정의 파노라마를 한순간에 보여준다. 페이스북이나 카카오톡 같은 소셜 네트워크에서 디지털 세대의 자기표현도 마치 〈변검〉의 디지털 버전인 것처럼 빠르게 바뀐다. 시시각각으로 바뀌는 디지털 프로필과 상태 메시지가 바로 그렇다.

그렇다면 디지털 세계에서 자기표현은 왜 이렇게 빨리, 자주 일어나는 것일까. 지나칠 정도로 자주 디지털 프로필과 상태 메시지를 바꾸는 이 변덕스러움을 쓸데없는 일이나 인생낭비, 관심구걸, 허세 등으로 치부하는 것은 지나치게 손쉬운 비난이다. 그렇다 해서 아이의 상태를 알아야겠다고 감시자의 시선으로 아이의 디지털 세계를 들여다보려는 시도는 애당초 접을 일이다. 대신 디지털 아이들에게서 두드러지는 이 끊임없는 자기표현이 함의하는 바를 조금만 더 들여다보도록 하자.

어른들은 아이들에게 왜 그렇게 프로필을 자주 바꾸고 상태 메시지가 가볍냐고 말한다. 하지만 아이들의 시선에서 볼 때, 디지털 세계에서 자기를 표현하는 것은 소소한 재미를 추구하는 일이면서 나름의 진지한 고민이 작동하는 과정이다. 실제로 아이들은 개성 없는 자연 풍광과 교훈적인 뻔한 어록, 들으나 마나 한 인생 덕담으로 꾸미느니 차라리 초기 설정 그대로가 낫다고 여긴다.

디지털 아이들에게 프로필 사진, 즉 프사는 영혼의 색깔이자 자존심이다. 프사와 배사, 상메로 꾸며지는 디지털 프로필은 간략하지만 많은 의미를 담고 있다. 실제로 누군가의 프로필 사진만 봐도 나이나 가족관계, 직업, 관심사 등 다양한 차원들을 짐작할 수 있다. 디지털 프로필의 상태 메시지는 지금 무엇을 하고 어디에 있는지 근황을 알리는 것은 물론, 어떤 감정과 생각을 갖고 있는지, 무엇을 좋아하고 원하는지도 드러난다. 빅뱅 공연에 다녀온 아이는 팬을 상징하는 노란색 형광봉을 든 자신의 얼굴을 프사로, 스펙터클한 공연 현장에 있었던 증거를 제시하는 사진은 배경사진, 즉 배사로 설정해놓는다. 그리고 상태 메시지, 즉 상메에는 엄지를 가득 치켜든 이모티콘을 통해 그날의 감동을 자랑한다.

디지털 아이들은 만족스러운 프로필 사진를 위해 수십 수백 번 찍고 또 찍는 셀카 놀이를 수행한다. 인터넷 게시판이나 온라인 카페 등에는 얼굴사진을 올리고 평가를 부탁하고 셀카를 잘 찍는 법을 알려달라는 얼평(얼굴 평가) 요청이 쇄도하며, 프사를 바꾸기 전 미리 검증을 거칠 수 있는 얼평 앱도 있다. 이것이 비단 아이들만의 현상 만은 아니다. 셀카 놀이는 디지털 아이들이나 특정 소수에 국한되지 않고 성별과 세대를 뛰어넘어 광범위하게 확산되고 있다. 영국의 옥스퍼드 사전은 2013년에 셀프 카메라의 줄임말인 '셀피selfie'를 올해의 단어로 선정했으며, 스마트폰에 막대기를 연결해 다양한 각도에서 자기 자신을 찍을 수 있는 셀카봉은 미국《타임》지가 꼽은 2014년 최고의 발명품 25가지 중 하나가 됐다.

셀카 놀이의 확산은 사람들이 생활하는 일상의 곳곳을 실시간으로 기록하고 소셜 네트워크의 타임라인을 통해 실시간으로 공유될 수 있도록 한다. 이는 가히 '자랑의 일상화'라고 부를 만한 상황이다. 젊음을 자랑하는 20대가 자신 있는 외모를 부각하는 셀카 사진을 올린다면, 생활의 여유를 자랑하고픈 중년들은 이국적인 풍경이나 여가생활의 증거를 올린다. 인증 샷이 없으면 갔어도 간 게 아니다. 가장 잘 나온 사진을 정성들여 포토샵까지 해놓고 오늘따라 얼굴이 초췌하다고 말하고, 일상의 주름지고 지루한 모습 대신 한때의 화려하고 한가로운 여가의 흔적만을 노출한다.[37]

누구에게나 가장 만만한 자랑은 뭐니 뭐니 해도 음식이나 요리와 관련 있다. 트위터나 페이스북, 인스타그램 등에서 해시태그가 가장 많은 단어는 단연코 음식이다. 사진을 찍기 전에는 음식을 먹어선 안 된다는 사람도 그만큼 늘어서, 충분히 연출된 사진을 찍은 후에 야 사람들은 비로소 음식을 먹을 권리를 가진다. 먹는 방송은 먹방 으로, 음식사진을 올리는 페이스북이나 인스타그램은 페북, 먹스타 그램으로 불리기도 한다. 이런 먹는 자랑, 음식 자랑은 식욕이라는 인간의 가장 원초적인 욕구를 쉬지 않고 끊임없이 자극하는 음식 포 르노에 비유되는 한편, 이런 끊임없는 자기표현과 일상의 노출은 쓸 데없는 시간낭비이자 자존감 없는 관심구걸로, 그리고 자랑질로 폄 하되곤 한다.

그런데 이런 평가는 각 개인들이 수행하고 있는 인상관리라는 미 묘한 줄타기를 놓치고 있다. 자랑은 공감을 형성할 때 비로소 자랑 거리가 된다.[38] 공감 없는 자랑은 말 그대로 그냥 허세이고 자랑질 일 뿐이다. 필요 이상의 제스처로 소금을 뿌리는 유명 요리사의 허 세가 밉살스럽지 않은 것은 기본적으로 요리사로서 실력을 갖고 있 다는 공감을 얻어서다.

나아가 이 허세 넘치는 자랑 행동이 비웃음이나 비난을 받는 것이 아니라 유쾌한 웃음을 자아내고 친밀감마저 형성하는 것은 인간적 인 상호 인정을 획득한 성공한 놀이이기 때문이다. 허세가 일반인은 물론 유명인이나 공인이라도 누구나 조금씩은 가진, 인간적인 부분 이라는 것을 사람들은 알고 있다. 실력이나 실속 없이 자신을 부풀 리는 것은 여전히 자랑질의 허세로 치부되지만, 인간적 약점에 대한 자기 인정과 상호 인정에 근거한 허세와 자랑은 오히려 친밀함을 더하는 일종의 놀이로 받아들여진다.

디지털 세계에서 성공적인 자기 전시와 인상 관리는 〈변검〉의 현란함보다 더 능숙한 기교와 판단을 요구한다. 단순한 허세나 자랑질은 쉽지만, 공감할 수 있는 자랑거리가 되기는 어렵다. 성공적인 자기 전시는 일방적인 드러냄이나 과시가 아니라, 적절한 나를 선별 전시하고 적절한 상호 인정을 획득해야 실현될 수 있는 복잡한 과정이기 때문이다. 독일 사회학자 악셀 호네트Axel Honneth는 《인정투쟁》에서 누구나 인정받고 싶은 욕구를 지니고 있으며 관계 속에서 살아가는 인간에게 인정은 성공적인 삶을 실현할 수 있는 사회적 조건이자 자기 자신과의 긍정적 관계를 위해서도 필요한 것이라고 말한다. 이런 견지에서 보면 디지털 세대의 끊임없는 자기 연출은 단지 의미 없는 변덕에 목을 매는 행위가 아니라 사회적 인정과 자존감을 위한 분투 과정이라고 할 수 있을 것이다.

얼굴 몰아주기라는 협력 전시

▶▶ 　　심야 음악토크 방송에 출연한 걸그룹 마마무는 준비한 춤과 노래를 한껏 과시한다. 그리고 진행자의 짓궂은 요청에 따라 걸그룹으로서는 쉽지 않은 '얼굴 몰아주기'를 통해 아낌없이 망가진다. 얼굴 몰아주기는 한 사람만 평소처럼 멀쩡한 표정을 짓고 나머

지 다른 사람들은 최대한 우스꽝스럽고 망가진 이상한 표정을 짓는 것이다. 셔터 타이밍에 눈을 깜빡이는 바람에 반쯤 자는 듯 찍힌 흐리멍덩한 표정은 얼굴 몰아주기에서는 짐짓 괜찮은 축에 속한다.

디지털 세계에서 인상관리는 자기 자신을 과시적으로 표현하기도 하지만, 얼굴 몰아주기처럼 의도적으로 망가지는 자기 연출 방식도 존재한다. 매일 디지털 프로필을 바꾸고 시종일관 셀카에 빠져 있는 디지털 아이들에게 최대한 망가지는 얼굴 몰아주기는 어떤 의미일까. 학생증 사진이 마음에 들지 않아 곰돌이 스티커를 덧붙여 놓은 아이, 외모 관리가 안 되면 집 밖을 나서지 않는 아이, 마음에 드는 한 컷의 졸업사진에 세상을 다 가진 듯 환호하는 아이. 그럼에도 친구에게 얼굴을 몰아주기를 위해 기꺼이 최대 못난이가 되어주는 아이. 이 각각의 아이들은 같은 아이일까 다른 아이일까.

친구들과 함께 어울려 찍은 사진이라 할지라도 사전 동의 없이 이상하게 나온 사진을 게시하는 경우, 당사자인 아이는 짜증을 내거나 화를 낸다. 사소하고 별 것 아닌 일이 아니다. 자아표현과 인상관리를 위한 자기결정권, 즉 프라이버시가 침해당한 데 대한 정당한 반응이다. 친구들이 함께 채팅하는 반톡방이나 단톡방에 셔터 타이밍을 놓친 게슴츠레한 표정의 모습을 누군가 올렸다면 악의적으로 나를 놀리려는 의도임이 분명하다. 여기에 다른 친구들까지 ㅋㅋ, ㅎㅎ 같은 웃음을 흘리면 나는 친구들 집단에서 떨어져 나온 외톨이 같아진다. 디지털 아이들에게 자신을 담은 한 장의 사진은 이렇듯 중요하다.

그런데 얼굴 몰아주기는 요즘 아이들을 자기 과시에 여념이 없는 이기적인 세대라고 보는 인식과는 전혀 다른 특징을 보여준다. 얼굴 몰아주기에서는 개인적인 자기 과시보다 공동의 협력이 더 중요하다. 얼굴 몰아주기에서는 타인의 시선이나 평가를 생각하지 않고 제대로 망가지는 것이 가장 큰 미덕이다. 이 과정에서 중요한 점은 주인공의 얼굴이 제대로 잘 나왔다는 것이 아니라, 셔터가 눌러지는 찰나의 순간 망가지기로 한 서로의 암묵적인 약속을 집단적으로 잘 실행했다는 데 있다.

얼굴 몰아주기는 협동적인 놀이이면서 일종의 집합 의례로서의 성격을 갖는다. 마치 몰아의 경지에 오른 것 같은 자기 망각이 필요하기 때문이다. 나만큼은 조금이라도 덜 망가진 상태로 나와야 한다는 사심이 있어서는 결코 성공할 수 없는 놀이인 것이다. 사회가 있는 곳에 의례는 언제나 존재하며, 집합 의례는 집단의 경계를 만들고 집단 구성원의 결속과 연대감을 유지하는 데 기여한다. 집합 의례는 원시부족이나 전통사회에서의 공동체적 행위만을 일컫는 것이 아니다. 현대의 일상생활에서도 의례는 여전히 존재한다.

가족 누군가의 생일에 미역국을 끓이거나 생일 케이크에 초를 밝히는 것은 단순한 이벤트가 아니라 한 식구임을 확인하는 집합 의례다. 대학 신입생이 되자마자 학과에서 오리엔테이션을 겸하는 모꼬지에 참여하고, 개강파티와 종강파티를 매 학기마다 여는 것도 같은 맥락이다. 이뿐 아니다. 전 세계 미디어를 통해 중계되는 올림픽이나 축구 월드컵 같은 국가대항전은 보통의 생활인들을 민족과 국민으로 호출하는 지구적 규모의 집단 의례다. 미시적 수준에서 거시적 수준에 이르는 이 같은 다양한 집합 의례는 사회나 특정 집단 구성원 간의 친밀감과 결속을 목적으로 이뤄진다.

디지털 아이들의 얼굴 몰아주기 역시 마찬가지다. 얼굴 몰아주기는 서로의 유대감을 확인하고 연출하는 집합 의례의 놀이이다. 얼굴 몰아주기의 사진 속에는 일그러지고 우스꽝스러운 얼굴들이 전시되어 있다. 이 얼굴들은 자아도취나 자기과시라는 개인의 얼굴 대신 유대감과 친밀성이라는 공동의 얼굴, 즉 커뮤니타스communitas를 형상화한다.[39] 집단의 사회에서 개인의 사회로의 변화가 가속화되는 디지털 세계에서, 개인으로의 분리와 단절을 벗어나는 합일과 유대의 경험은 여전히 그리고 점점 더 중요해지고 있다. 비록 일시적이고 찰나적이라 할지라도, 공동의 얼굴을 만드는 이 놀이적 실천은 자발적 협력이라는 경험을 통해 자기 세계로의 과도한 침잠을 벗어나려는 유쾌한 시도라고 할 수 있다.

말하지 않을 권리

▶▶ 　　묵혀둔 짐정리를 하다 10대 시절 썼던 일기를 다시 펴보게 됐다. 이런 유치찬란하고 앞뒤 없는 감정 초과잉이라니. 일기라는 혼자만의 공간에서 오글거리기 짝이 없던 옛 모습을 마주한 새삼스러움에 피식 혼자 웃어버렸다. 그리고 나만 볼 수 있어서, 이렇게 자

기 봉인이 가능해서 얼마나 다행인가라며 진심으로 안도했다.

온라인 공간에서 익명성은 타인을 악의적으로 비방하고 폄훼하는 요인으로 여겨지며, 일베 같은 혐오사이트는 이런 부정적인 문제 의식을 강화한다. 그러나 다른 한편, 연결이 일상화된 현재에는 오히려 익명성 자체가 새로운 필요로 재등장했다. 예를 들어 디지털 일기장은 사적 이야기를 비밀스럽게 기록할 수 있는 프라이버시 공간이다. 스마트폰을 통해 쉽게 사용할 수 있는 다양한 어플 형태의 디지털 일기장은 우울하고 슬프고 비루한 그날그날의 기분과 감정을 간단히 기록하거나 글과 사진과 이모티콘 등으로 자신만 볼 수 있도록 추억과 일상을 담는 사적 공간이다.

프라이버시 다이어리 같은 사적인 공간과 함께, 익명성을 기반으로 솔직한 이야기를 할 수 있는 커뮤니티도 다시 늘어나고 있다. 익명 커뮤니티 어라운드AROUND는 사적인 일기에나 쓸 법한 이야기를 익명의 공간에 털어놓고 타인의 조언과 격려를 주고받는다. 10대들이 많이 사용하는 메신저 서비스인 스냅챗Snapchat은 수신인이 내용을 확인하면 수 초 후 사라지기 때문에 단명 메시지로 불리기도 한다. 이 같은 익명 커뮤니티와 단명 메신저는 사생활 노출을 방지하고 익명성을 유지할 수 있도록 한다.

물론 익명 공간 자체가 새로운 현상은 아니다. PC통신 시절에도 각 동호회에 익명 게시판은 있었고, 온라인 카페에도 익명으로 글쓰기가 가능한 게시판 하나쯤은 여전히 있다. 가입 계정이 없어도 글쓰기가 가능한 디시갤 같은 공간은 함께 쓰고 누구나 쓰되 내가 누구인지 누가 썼는지 드러나지 않는다. 하지만 직설적인 표현과 반말, 비속어가 일종의 일상 문화로 간주되는 디시갤에서 자신의 고민이나 부끄러운 고백을 했다가는 오히려 마음의 상처만 가중될 수 있다.

연결이 규범이 된 디지털 세상에서 비밀 일기를 쓰고 익명의 공간을 다시 찾는 이유는 단지 숨기 위해서가 아니다. 인간은 다른 사람에게 보이는 공공연한 영역 외에 자신만을 위한 한 뼘 공간도 필요하다. 독일의 철학자 페터 비에리Peter Bieri는 《삶의 격》에서 사람들은 삶의 일부분을 비밀과 침묵 속에 숨겨놓고자 하는데, 여기에는 두 가지 서로 다른 욕망이 작용하고 있다고 말한다. 첫 번째는 타인의 시선으로부터 자신을 보호하고자 하는 것이며, 두 번째는 자신을 타인과 구분 지으려는 것이다. 비밀은 타인에게 들키고 싶지 않은 부끄러운 무언가 때문일 수도 있지만, 자신의 체험을 혼자만 간직하고 싶은 존재의 욕망에서 비롯된다는 것이다.

스마트폰과 인터넷에 매혹된 아이들은 자기를 표현하고 과시하고, 친구와 대화하고 다투고, 즐거움을 얻고 빼앗긴 과정을 채팅과 댓글, 이미지로 끊임없이 남긴다. 긍정적이든 부정적이든 감정의 여과 없는 발산은 인간에게, 특히 자라나는 아이들에겐 반드시 필요하다. 디지털 흔적은 이런 좌충우돌하는 성장 경로에 관한 충실한 기록일 수 있다. 아이들이 부모에게 쉽게 화를 내는 건 어쩌면 가장 신뢰하는 존재이기 때문이다. 치부와 부족함을 마음 놓고 드러낼 수 있는 신뢰할 수 있는 존재와 공간은 인간의 성장과 삶에서 반드시 필요하다.

하지만 디지털 기록은 비밀 가능성이 원천 해제된 일방적 기록이기도 하다. 종이 일기장에 쓴 글은 누구도 볼 수 없는 자신만의 영역에 둘 수 있지만 소셜 네트워크에 쓴 우울한 낙서와 독기 품은 욕설, 근거 없는 비방은 철없는 한때의 추억으로 용인되고 잊히는 것이 아니라 결코 지울 수 없는 디지털 주홍글씨로 돌아올 수 있다. 자신이 쓴 글을 스스로 삭제했더라도 누군가가 캡처하거나 링크해 가는 것까지 막기는 어렵다. 자신만 보는 비밀 설정이라 하더라도 기록의 흔적으로 빅데이터의 저장고에 남는다는 사실은 피해 갈 수 없다. 말하자면 디지털 세계의 흔적은 지워지지 않고 영생한다. 검색되지 않을 권리나 잊힐 권리, 말하지 않을 권리가 디지털 세계에서 역설적으로 요구되는 이유다.

자아의 성장과 자율성 유지를 위해 표현과 침묵, 공개와 비밀 사이의 균형은 필수적이다. 또한 비밀의 권리가 보장되는 프라이버시 공간은 소셜 과잉을 중화하는 한 방편이 될 수 있다. 그렇기 때문에 연결된 공간에 자신을 무제한 노출하는 대신, 목적과 용도에 따른 다양한 글쓰기 공간을 선별하려는 노력이 필요하다. 누구에게나 좋은 글쓰기 공간이란 없다. 온라인과 오프라인 양자 가운데 택일할 필요도 없다. 자신을 표현하고 성찰하고 대화할 수 있는 나만의 글쓰기 공간을 찾고 만들어가는 것이 그 어느 때보다 중요해지고 있다.

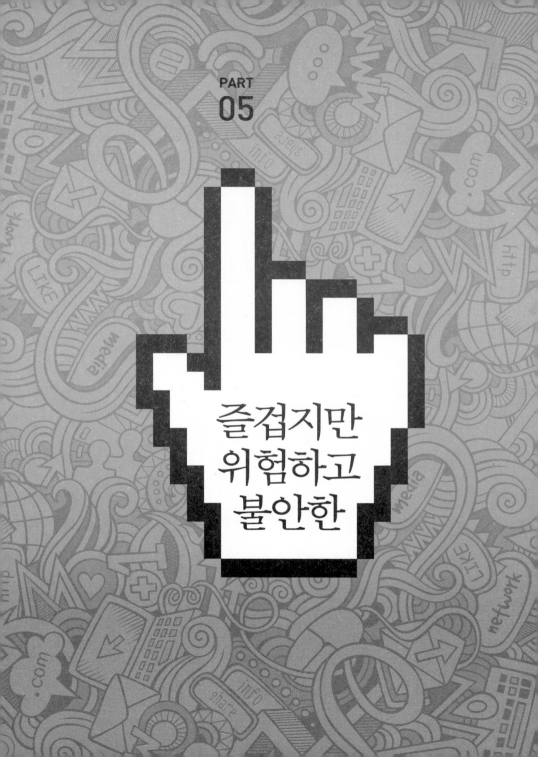

PART
05

즐겁지만
위험하고
불안한

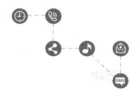

사이버 불링:
집단 따돌림의
디지털 버전

관계 폭력, 너무나 가볍지만 너무나 가혹한

▶▶   디지털 아이들의 일상에서 친구는 매우 중요한 의미를 갖는다. 학교가 친구들을 만날 수 있는 오프라인의 사교 공간인 것처럼, 온라인 역시 친구들과의 만남과 대화를 이어갈 수 있는 또 하나의 공간이다. 10대 대부분이 인스턴트 메신저나 소셜 서비스(SNS)를 사용하는 이유도 여기에 있다. 10대의 카카오톡 이용은 온라인 카페나 블로그, 트위터 같은 다른 소셜 서비스와 비교할 때 현저히 높다. 카카오톡 같은 프로필 기반 서비스에 대한 청소년의 선호는 최근의 일만은 아니다. 2000년대 초중반, 싸이월드 없이는 친구 관계도 없다고 여길 만큼 대부분의 청소년들이 사용했다.

청소년의 SNS 이용률

(단위 %, 복수응답)

	SNS 이용[1]	SNS 유형별 이용 현황						
		프로필 기반 서비스[2]	커뮤니티 (카페, 클럽 등)	블로그[3]	미니홈피	사진 및 동영상 기반 서비스	마이크로 블로그[4]	비즈니스 기반 서비스
초등학생	28.5	87.6	17.2	11.9	11.7	3.8	3.3	-
중학생	73.1	86.6	28.7	17.8	16.2	14.8	8.0	0.1
고등학생	79.3	88.0	33.5	21.4	17.5	19.1	11.5	0.1
대학생	91.0	88.6	47.6	31.4	20.5	22.7	18.1	0.3

자료 : 미래창조과학부 · 한국인터넷진흥원, 〈인터넷이용실태조사〉 2015

1. 최근 1년 SNS 이용자
2. 나이, 학력 등 개인정보 및 사진, 친구목록 등이 프로필 페이지에 제공되어 이를 기반으로 인맥 형성,
   교류하는 서비스(페이스북, 카카오스토리, 네이버밴드, 구글플러스 등)
3. 사람들이 자신의 관심사에 따라 자유롭게 글을 올릴 수 있는 웹사이트
4. 한두 문장 정도의 짧은 메시지를 이용하여 여러 사람과 소통할 수 있는 블로그의 한 종류(트위터 등)

＊자료 출처 : 《2016 청소년 통계》

그런데 친구 관계가 아이들에게 늘 '우리'라는 편안함과 즐거움만을 주는 것은 아니다. 아이들은 가장 많은 시간을 보내는 장소와 공간에서 가장 많이 다친다. 영·유아들이 집 안에서 가장 많이 다친다면, 10대를 전후한 아이들은 친구들과 일상적으로 부딪히는 학교에서 그러하다. 학교에서 생기는 아이들의 상처는 신체적이고 부주의한 사고 때문만은 아니다. 관계 맺기 때문에 전전긍긍하는 일은 아

이들에겐 일상다반사이다. 여전히 친구들 때문에 학교 가는 맛이 난다고 말하지만 학교 안팎에서 맺는 친구 관계가 뜻한 대로 즐거운 경험만을 주진 않는다. 온라인으로 이뤄지는 친구 관계나 대화 상황 역시 마찬가지이다.

집단 따돌림의 디지털 버전이라고 할 수 있는 사이버 불링은 디지털을 매개로 아이들이 겪곤 하는 불행한 경험이다. 사이버 불링은 이메일, 인스턴트 메신저, SNS, 휴대폰 등 디지털 미디어를 사용해 온라인 공간에서 욕설, 험담, 허위사실 유포, 따돌림, 음란물 전송 등으로 상대방을 괴롭히는 현상을 지칭한다. 대부분의 청소년들이 사용하는 카카오톡 대화방은 사이버 불링의 온상지로 지목되곤 한다. 사이버 불링의 행태로는 수시로 카톡 알림이 울려대고 대화방을 나가도 끊임없이 다시 초대해서 벗어날 수 없게 만드는 카톡감옥, 단체채팅방에서 따돌림을 하는 카따, 떼를 지어 욕을 하는 떼카, 채팅에 초대한 뒤 한꺼번에 나가버려 피해 당사자만 남겨두는 '카톡방폭' 등이 있다.

사이버 불링은 놀이처럼 가벼워 보이지만 그 어떤 물리적 폭력보다 깊은 상처와 고통을 안기는 엄연한 폭력의 형태다. 사이버 불링은 남자 아이들보다 소녀들에게서 상대적으로 더 빈번히 발생하는 것으로 알려져 있다.[40] 스마트폰을 주로 게임 용도로 사용하는 남자 아이들에 비해 커뮤니케이션 용도로 많이 사용하는 소녀들에게 카톡 같은 대화공간은 우정의 현재를 가늠하는 하나의 잣대다. 아이의 어두운 얼굴이 며칠째 계속되며, 늦은 밤까지 개인 카톡(갠톡)과

단체 카톡(단톡)에서 눈을 떼지 못하고 우울해한다면 부모의 근심은 걷잡을 수 없어진다.

부모나 가까운 누군가가 알아챘다면 차라리 다행이다. 사이버 불링은 발견하기가 쉽지 않다. 설령 문제 상황이 있어도 아이가 겪는 위기의 우정 상태를 말로 설명하는 것은 어렵다. 친구들 사이에서 벌어지는 놀리고 따돌리는 행위는 다른 사람의 눈을 피해 이뤄지기도 하지만, 열린 공간에서 공공연하게 아무렇지도 않은 일처럼 벌어지는 경우가 더 일반적이다. 근친상간이나 육체적인 학대 같은 숨겨진 폭력과 달리, 친구들에게 당하는 괴롭힘은 모든 사람들이 볼 수 있는 열린 공간에서 미묘하게 이뤄진다.

아무렇지 않게 툭 던지는 말 한마디, 웃음기 가득한 눈빛, 장난 넘치는 태도 등 사소해 보이는 방식으로 이뤄지기 때문에 피해자인 당사자도 속 시원히 대응하기 어렵다. 사이버 공간에서 일어나는 따돌림도 마찬가지다. 예를 들어 '니 얼굴 웃겨'라며 누군가 단톡방에 올린 사진에 다른 친구들이 'ㅋ' 웃으면 기분 나빠도 바로 내색하기는 고민스럽다. 자칫하면 웃자고 하는 얘기에 혼자 진지하게 대응하는 눈치 없는 찌질이 쯤으로 다시 낙인찍히기 십상이기 때문이다.

이처럼 집단 괴롭힘이나 사이버 불링은 알아차리거나 대응하기가 힘들다. 친구나 동료 같은 일상의 인간관계에서 일어나는 관계 폭력이기 때문이다. 또한 물리적이고 신체적인 폭력과 다른, 은밀하고 비신체적인 공격성을 띠는 대체 폭력의 특징을 띠고 있기 때문이다. 여성문화연구자 레이첼 시먼스Rachel Simmons는《소녀들의 심리학》에서 소녀들의 공격 문화를 다루면서, 소녀들은 소년들과 다른 방식으로 분노를 표출한다는 점에 주목한다. 특히 직접적인 신체 폭력행위와 달리 놀리기, 험담하기, 소문내기, 비웃기, 욕하기 같은 대체 공격은 은밀하고 비신체적인 것이라 일관된 조치를 취하기 어렵다. 오프라인에서 벌어지는 괴롭힘은 온라인으로 연결되기 쉽다. 특히 카톡 등을 매개로 이뤄지는 사이버 불링은 시·공간의 제한 없이 무한히 지속될 수 있다는 점에서 더 심각하다. 그럼에도 '더 이상 만나지 않기'나 '카톡 사용하지 않기'는 결코 해법이 될 수 없다.

방관자에서 벗어나기

▶▶　　또래 친구 사이에서 벌어지는 '따돌림', 특히 디지털 환경과 결부된 사이버 불링에 대한 사회적 관심은 높아지고 있지만 이를 바라보는 시각에는 문제가 많다. 소녀들 사이의 사소하고 일상적인 관계 갈등을 한때의 철없는 행동이나 통과의례적인 성장통으로 여기는 경향은 여전하다. 또한 피해 아동·청소년이 사교적 테크닉이 부족해서 발생한 것으로 여기는 인식도 적지 않다. 그렇지만 관계 폭력의 경험은 시간이 지남에 따라 자연 치유되는 것이 아니며 오히려 더욱 파국적인 상황으로 변해갈 수 있다. 유연한 인간관계를 맺지 못한 개인의 대처능력 문제로 치부하는 것 역시 한때의 일로 방관하는 것만큼 개인이 감당할 몫으로 떠넘기는 안이한 인식이다.

사이버 불링에 대한 강력한 접근 역시 문제가 적지 않다. '강한 프로그램'은 사이버 공간을 매개로 발생하는 또래 관계의 갈등상황을 폭력으로 규정하고 단호하게 처벌함으로써 문제를 해결하려 든다. 하지만 이 역시 사이버 불링을 사소한 사건이나 개인적 능력 문제로 치부하는 것만큼 단순한 접근법이다. 범죄자를 찾아내듯, 따돌림 상황의 가해자와 피해자를 구분하기는 쉽지 않다. 아이들이 생활하는 일상적 환경과 상황을 깊이 이해하지 않으면 누가 놀림을 당하는 약자이고 누가 괴롭히는 존재인지 알아내기 어렵다.[41] 오랫동안 집단 따돌림의 피해자였던 아이가 가해자로 돌변하는 현실도 존재한다. 집단 괴롭힘의 주동자와 참여자는 물론, 소극적 참여자라 할 수 있는 방조자에게도 각각 어떤 책임을 지울 것인지는 명확하지 않다.

은밀한 관계 폭력인 사이버 불링이 범죄적 집단행동인 것은 명백하다. 하지만 또래 친구 관계에서 발생하는 관계 갈등을 폭력으로 규정하고 부모나 어른들이 직접 개입하는 것은 부적절하고 섣부른 조치가 될 수 있다. 카톡 같은 온라인 공간이 우정과 친밀성의 욕구를 충족하고 사회적 관계를 경험하는 또 하나의 공간이라는 점을 간과하기 때문이다. 사회생활이 그러하듯, 대부분의 아이들 역시 친구와의 관계에서 놀림을 받고 욕설을 듣는다. 그리고 상처를 입더라도 다시 회복할 수 있는 나름의 지각과 사회성, 말하자면 회복탄력성을 갖고 있다.

섣부른 조치는 오히려 더 큰 문제를 낳는다. 예컨대 놀림을 당한 아이는 부모나 교사에게 마음의 상처를 드러냈다가 친구들로부터 울보나 겁쟁이, 고자질쟁이 같은 낙인 별명까지 얻게 될까 봐 걱정하고 두려워한다. 실제로 아이를 곤경에서 구하려는 부모의 섣부른 개입은 사태를 악화시키곤 한다. 아이들의 대화 및 상호작용에서 설령 놀림과 욕설이 있다 하더라도 그것을 괴롭힘이나 사이버 불링으로 단정해버리기는 어려운 다양한 맥락이 존재하므로 이를 고려해야 한다.

그럼에도 문제는 남는다. 아이 각각의 회복탄력성은 천차만별이고 때로는 집단 괴롭힘으로 인해 회복 불가능한 고통과 불행을 경험하는 상황이 빚어지기 때문이다. 이를 해결하기 위해서는 개인의 노력을 촉구하거나 강경한 조치를 앞세우기보다는 방관자 효과가 갖는 심각성을 우선 이해해야 한다.[42] 방관자 효과는 주위에 사람들이 많을수록 어려움에 처한 사람을 나서서 돕지 않는 현상을 뜻한다. 사람들은 혼자 있을 때보다 집단에 속해 있을 때 남의 감정에 둔감해지는 경향이 있다. 사이버 불링은 일상적이고 공개된 온라인 공간에서 다수의 사람들이 마치 방관자처럼 지켜보는 가운데 일어난다. 누군가를 집단으로 괴롭히는 행동에 대한 각자의 도덕심은 분산되고 그 결과에 대한 책임 소재 역시 모호해진다. 이런 점을 고려할 때, 피해자 개인의 노력이나 가해자의 처벌을 강조하는 대신, 친구나 타인의 고통을 다수가 침묵하고 방관하는 것이 문제를 지속하고 강화한다는 인식을 공유할 필요가 있다.

내가 만나고 교류하는
관계가 나를 만든다

소셜 네트워크 위험

▶▶　　어느 서점에서 우연히 들은 엄마와 딸의 대화다. 오늘의 신간코너에 진열된《타인의 영향력》이라는 책 표지를 본 열 네댓쯤 되어 보이는 딸은 재밌겠다며 책을 집어 들었다. 그러자 엄마는 "주관이 뚜렷해야지, 남의 영향이나 받으면 안 돼"라며 그 자리를 뜨길 재촉했다. 딸을 사랑하는 한 엄마의 생각만은 아니다. 자신이 누군가의 영향에 따라 생각하고 행동한다는 것에 대한 평가는 대체로 부정적인 편이다. 미국의 사회학자 데이비드 리스먼David Riesman은 다른 사람이나 외부 집단에 영향을 받는 유형을 타자지향형이란 개념으로 만들기도 했다. [43]

디지털 아이들은 보통 한두 개 이상의 소셜 서비스를 이용한다. 많은 시간을 보내는 롤 게임이나 카카오톡 같은 소셜 서비스의 이용 시간 대부분은 다른 사람, 예컨대 친구들과 함께 보내는 시간이며 시간이 갈수록 친구 관계의 중요성은 점점 더 커진다. 부모는 어른의 시선이 닿지 않는 소셜 네트워크의 세계에서 친구들과의 분위기에 휩쓸려 혹시라도 철없는 짓을 저지르지는 않을까 걱정이 적지 않다. 이런 걱정이 근거가 없는 것은 아니다.

다른 사람들의 반응과 집단 분위기에 이끌리는 태도는 편협하고 극단적인 집단행동으로 이어지고 무고한 많은 사람들에게 고통을 안겨주기 쉽다.[44] 이런 극단적인 집단주의는 소수의 광신자나 반사회적인 인격 장애자가 아니라, 집단의 분위기와 규범에 순응하며 자신의 행동을 보통이라고 여기는 평범한 사람들에 의해 행해진다.[45] 영화 〈변호인〉에서 잡혀온 대학생들에게 물고문과 통닭구이고문 같은 가혹행위를 저지르던 악랄한 형사들도 휴식시간에는 자기 아이를 걱정하는 순하고 평범한 아버지의 모습을 보여준다. 누구라도 스스로 성찰하는 과정 없이 주어진 역할이나 영향력 있는 사람을 일방적으로 추종한다면 집단적인 분위기에 휩쓸리고 극단주의에 빠질 수 있다.

우리는 얼마나 타인과 주변의 영향력으로부터 자유로울 수 있을까. 아니 그것이 가능하기는 할까. 성인들에 비해 아이들은 또래집단의 영향을 많이 받는 것으로 여겨진다. 이 말은 반은 맞고 반은 틀렸다. 성인의 사회관계는 친구friends나 동료colleague라고 부르면서 아이들은 또래라는 용어로 구분한다.[46] 나이나 정도가 서로 비슷비슷한 무리를 지칭하는 또래는 아이 각각의 특성보다는 하나의 집단이라는 의미가 강하다. 특히 '또래집단의 영향력'에 대한 강조는 대체로 아이들이 미성숙하며 집단 내 분위기와 영향력에 휩쓸리는 경향이 있다는 점을 공공연하게 전제한다.

아이들이 친구의 영향을 많이 받는 건 부정할 수 없다. 부모라는 최초의 타자 이후 아이들이 만나는 새로운 타자는 대체로 친구다. 친구는 중요하고 영향력이 큰 일상적 관계다. 밥을 잘 먹지 않는 유·아동의 부모는 아이의 친구 중에서 먹성 좋은 아이를 집으로 초대한다. 평소에는 손도 안 대는 음식을 친구들이 먹으면 덩달아 맛있게, 심지어 많이 먹기도 한다. 10대로 접어들면 친구의 영향력은 더 다양해지고 강력해진다. 부모가 하라면 들은 척도 않다가도, 친구들이 하자고 하면 한다. 이에 대해 10대 아이들은 자기 정체성이 뚜렷하게 형성되어 있지 않기 때문에 친구집단의 영향을 많이 받는 것이라고 설명한다. 정말 그럴까.

하지만 주위의 영향을 받는 건 어른도 마찬가지다. 사회적 존재인 한 인간은 누구도 타인의 영향력이나 사회적 상황·조건에서 자유로울 수 없다. 무엇보다, 타인의 영향력을 주체적인 자의식을 잃어가는 증거로 제시하는 건 '자기 정체성'에 대한 협소한 견해다. 개인 단위로 접근하는 시각에서 주체란, 발견을 기다리며 성찰을 통해 도달하는 어떤 심오한 상태로 간주된다. 하지만 주체란 타인과의 관계에서 생성되는 관계적 실재이자 과정이다. 예컨대 자기 자신을 의미 있는 존재로 바라보는 자기 인정은 개인의 노력만으로는 성취될 수 없는 복잡한 관계의 변증법을 포함하고 있다.

나는 누구이고 어떤 존재인가라는 물음은 자신이 속한 세계와 타자와의 관계를 통해 구체화된다. 또한 자기 인정은 사회의 평가와 타인의 인식을 통해 그 가능 여부를 판단할 수 있다. 즉, 자기 인정이란 나라는 존재가 타인에게서 긍정적인 평가와 지지를 받는다는 것을 알 때 비로소 가능해진다. 그 누구로부터도 지지받지 못하고 오로지 자기 확신으로만 버틸 수 있는 자기 인정의 한계는 명확하다. 다시 말해 자기 인정이란 일방적인 자기 확신이 아니라 상호승인을 통해 이뤄지는 것으로, 자신이 인정받을 만하고 또한 누구가로부터 인정받고 있다는 확신이 있어야 실질적으로 가능하다.

누구와, 그리고 무엇과 연결할 것인가

▶▶   디지털 세계에서 이름도 얼굴도 모르는 낯선 타자들과 조우할 기회는 넘쳐나지만 그/그녀가 선량한 타자인지 악의적인 타자인지 구분하기는 결코 쉽지 않다. 아이들의 소셜 타임이 길어질수록, 익명의 타인들이 넘쳐나는 디지털 세계에서 정체불명의 누군가의 꼬임에 넘어가 위험에 처하지는 않을까 하는 걱정은 당연하다. 익명의 디지털 세계에서 아이들이 직면할 수 있는 일탈과 위험은 너무나 다양하며, 단순한 호기심과 재미로 시작한 일이 평생의 오점으

로 남거나 돌이킬 수 없는 결과를 가져올 위험도 다분하다.

　휴대전화로 성적인 메시지나 사진, 동영상을 주고받는 '섹스팅'이나 '몸캠'은 대표적인 현상이다. 2015년 3월, LA시 베니스 고교에 재학중이던 남학생 9명은 여학생 2명과의 성관계 장면을 휴대전화와 SNS에 유포한 혐의로 체포되었다. 이뿐만이 아니다. 몸캠 피싱처럼 의도적으로 접근해 음란한 화상 채팅을 빌미로 돈을 뜯어내는 범죄도 있다. 몸캠 피싱은 쉽게 만나고 대화할 수 있는 사이버 공간을 십분 활용한다. 휴대전화 문자나 메신저, 또는 페이스북 같은 사회관계망 서비스에서 일정 기간 친밀감을 쌓아가다가 자신의 벗은 몸을 보여주며 상대 남성도 함께 알몸 채팅을 하자고 은밀히 제안하면서 이뤄진다. 그리고 알몸 영상을 녹화한 후 돈을 주지 않으면 알몸 영상과 사진을 유포하겠다고 협박한다.

　섹스팅이나 몸캠 피싱의 경우, 그 범죄사실이 밝혀진 이후에도 피해자들의 고통은 가중된다. 섹스팅의 가해자들은 범죄라는 죄의식 없이 단순히 장난이었다고 말한다. 더군다나 섹스팅 영상을 본 사람들은 가해자보다는 피해자 여성이 신중하지 못했다며 비난하는 경우도 적지 않다. 이런 비난은 피해자를 더욱 수치스럽게 만든다. 극도의 죄의식에 시달리기는 몸캠 피싱의 피해자 역시 마찬가지다. 몸캠 피싱은 지인이나 주변 사람들이 모두 아는 기본 계정이 아닌 은밀하게 사용하는 소위 세컨드 계정을 통해 이뤄진다. 순간적인 분위기에 휩쓸려 몸캠 피싱의 유혹에 걸려든 피해자들은 주변에 털어놓을 수도 없어 자책에 시달리다 스스로 목숨을 끊는 극단적인 시도를 하기도 한다.

이처럼 소셜 네트워크라는 사회 공간에서 다양한 익명의 사람들과의 만남이 가져오는 기회와 위험은 마치 동전의 양면과도 같다. 완벽한 자기를 갖추고 타인과 세계와 만난다는 건 가능하지 않다. 사람들은 언제나 불완전한 상태에서 만나고 대화하고 살아간다. 디지털 세계에서 아이들은 친구와 다른 사람들을 통해 자신이 누구이고 무엇을 할 것인지를 경험하고 찾아가는 과정에 있다. 디지털은 이전과는 다른 방식으로 일하고 만나고 대화하고 여가를 즐길 수 있도록 한다. 동시에 불편하고 위험한 상황에 놓일 가능성 역시 그 어느 때보다 더 농후하다.

하지만 분명하다. 사람들의 삶을 바꾸는 것은 컴퓨터와 인터넷, 스마트폰 그 자체가 아니라 디지털을 매개로 만나고 대화하고 살아가는 사람들이며 관계이다. 그러므로 디지털 기기나 서비스 자체를 증오하거나 찬양할 필요는 없다. 디지털을 통해 누구 혹은 무엇과 어떻게 연결되고 있는가가 중요하기 때문이다.

속도의 시대,
디지털 아이들의 미래

만연하는 꿈 강박

▶▶ 　　요즘 아이들이 꿈 때문에 받는 압박감은 상상 이상이다. 학교는 수행평가라는 이름으로 꿈꾸기를 강요한다. 자유학기제를 운영하는 학교에서는 시험 대신 모든 교과목에서 '나의 꿈 찾기'라는 주제로 수행평가를 1년 프로젝트로 진행하기도 한다. 평가를 동반하는 한, 꿈의 일시적 제조는 가능할지 모르나 꿈꾸기는 더 이상 불가능하다. 진지하게 무엇을 하고 싶은지에 몰두할 시간이 없다. 각 과목별 수행평가에 적합한 직업을 빨리 써넣는 것이 가장 현실적이다.

　아이들을 위한 각종 직업체험과 직업박람회가 다양하게 열리지만, 꿈이라 쓰고 직업이라 읽는 장래희망서 작성은 매 학기마다 아이와 부모의 마음을 초조하게 만들 뿐이다. 여기에 국제중, 특목고 진학을 위한 꿈의 자소서 작성 웹 특강까지 가세하면서 꿈 강박은 오프라인과 온라인 모두에 걸쳐 점점 강화되고 있다.

아이들의 꿈은 시간에 맞춰 수행해야 하는 숙제나 평가의 대상이 아니며 장래의 직업과도 같지 않다. 장래희망을 써내야 하는 아이는 시무룩하게 묻는다. 유별나게 잘하는 것도 없고, 그렇다고 특별히 하고 싶은 일도 아직 없는, 그래서 꿈이 없는 자신이 한심한 건 아니냐고. 이 아이에게 필요한 말은 더 열심히 꿈을 찾기 위해 노력하라는 말이 아니라 지금은 '그런 꿈'이 없는 것이 오히려 정상이라는 공감의 말일 것이다. 유망한 직업을 향한 효율적인 진로 로드맵을 짜고 화려한 스펙의 포트폴리오를 만드는 것은 꿈이 아니라 예비구직 활동에 더 가깝기 때문이다.

심리학자 필립 브롬버그[Philip M. Bromberg]는 좋은 부모란 아이의 핵심자아를 긍정하는 것이 아니라 자아의 여러 상태 사이에서 협상하면서 그 사이를 유연하게 이동할 수 있도록 조력해주는 것이라고 말한다.[47] 지리적·문화적 경계가 뒤섞이는 복잡한 디지털 환경에서 살아야 하는 아이들을 위한 부모 역할은 단일한 자아상을 갖고 빨리 나아가도록 재촉하는 데 있지 않다. 뒤뚱거리며 걷다 넘어진 아이에게 앞으로 절대 넘어져서는 안 된다고 한다면 아이의 발걸음은 더욱 불안해질 뿐이다. 천 번의 실수를 할 기회가 있다고 믿는 아이만이 자신의 꿈을 품을 수 있다. 넘어지고 다시 일어나는 과정을 무한히 반복한 후에야 비로소 스스로 걸을 수 있다.

꿈은 누구라도 가질 수 있지만 자신만의 꿈을 품기란 결코 쉬운 일이 아니다. 무엇보다 꿈은 미래에 도착할 예정지가 아니라 현재진 행형의 동사다. 아이에게 꿈이란, 교사나 공무원, 유학 같은 명사가 아니라 누군가를 가르치고 다른 사람의 삶에 도움을 주고 더 넓고 새로운 세상을 경험하는 동사여야 한다. 속도 경쟁으로 치열한 디지 털 시대에 장래 희망과 직업이라는 꿈을 하루바삐 가지라는 무자비 한 격려 대신, 부모인 나 역시 지금 내 꿈을 고민하고 있다는 솔직한 고백을 먼저 건네 보는 건 어떨까. 꿈 압박은 여전히 아이의 주위를 유령처럼 맴돌 테지만, 아이 얼굴에 같은 편을 얻은 반가운 웃음이 슬그머니 번지는 것만으로도 지금은 충분하다.

인공지능이 아이들의 미래를 위협한다?

▶▶　　　알파고가 떴다. 단순한 바둑 이벤트로 생각했던 것이 인간 의 미래를 위협하는 큰 재앙으로까지 부각되고 있다. 이에 부모는 불안해지기 시작한다. 여기저기서 이제 우리 아이들의 미래는 어떻 게 되느냐는 질문이 쏟아진다. 인공지능이 아이들의 미래를 위협하 고 직업을 뺏어가고, 인간이 기계와 경쟁해야 하는 세상이 되는 것 은 아니냐고 묻는다. 어떻게 해야 기계를 이길 수 있는지 부모들은 고민에 휩싸인다. 자칭 전문가와 언론의 호들갑은 대중의 불안을 더 욱 부추긴다. 이 상황을 풀어갈 긴 이야기를 하기 전에 결론부터 말

하자면, 인간은 기계를 이길 수 없다. 무엇보다 인간이 기계를 상대로 싸우고 이겨야 할 이유가 없다.

새로운 도구와 기계가 인간의 손을 대신하는 건 비단 어제오늘의 일이 아니다. 영화 〈시네마천국〉에서 어린 토토는 새로 문을 연 영화관에서 화상을 입은 알프레도를 대신해 영사 기사가 된다. 토토는 직장이 생겼으니 학교를 그만두겠다고 말하지만 알프레도는 "이건 앞으로 네가 할 일이 아니다. 이제 곧 너를 필요로 하지 않을 때가 올 것"이라고 만류한다. 이후 유명 감독이 되어 고향에 돌아온 토토는 그 옛날 화려했던 극장이 낡고 쇠락한 모습으로 텔레비전과 비디오에 밀려 철거되는 장면을 보게 된다. 새로운 기술은 인간의 삶에 변화를 가져오며, 직업은 새로운 기술이 가져오는 변화를 감지할 수 있는 구체적인 영역이다.

새로운 미래기술로 부각되고 있는 지능형 로봇산업은 인간의 손을 더욱 불필요한 것으로 만들고 있다. 자동화 기계로서의 로봇은 효율적이고 대량화된 생산이 필요한 산업분야에 오래전부터 도입되었다. 최근의 로봇 기술은 생산 중심의 산업용 로봇을 넘어 인간과 소통하고 감정을 교류하는 감성 로봇으로까지 진화하고 있다. 생산과 서비스, 그리고 소통까지 가능한 인간을 닮은 로봇 기술이 등장한 것이다. 우리나라는 1978년 자동차 용접용 로봇이 도입된 후 40여 년에 가까운 로봇산업 역사를 갖고 있다. 초기의 제조용 로봇에서 청소나 교육, 국방, 헬스 분야의 서비스 로봇으로, 그리고 최근에는 감정적 대화가 가능한 가정용 로봇으로 관심을 확장하는 중이다.

미래주의자들은 기술의 자동화에 따라 더 이상 사람의 '손'이 필요하지 않은 시대를 맞이할 것이며 로봇이 인간을 대체할 것이라고 말한다. 그 증거는 다양하게 제시된다. 최근의 포럼 '테크플러스 2015(tech+ 2015)'에서 3D 프린터 개발자는 과자와 케이크, 파스타 같은 음식을 찍어내며, 3D 프린터가 제품이나 물건 같은 공산품을 찍어내는 용도를 넘어서고 있다고 강조한다.

음식만이 아니다. 인간의 영역이라 간주되던 글쓰기도 로봇 기계가 쓰기 시작했다. 2008년 러시아의 베스트셀러 《트루 러브*TRUE LOVE*》는 컴퓨터가 쓴 소설이다. 이 로봇 작가가 쓴 소설은 톨스토이의 《안나 카레니나》에서 내용과 캐릭터를 따오고 무라카미 하루키의 문체를 빌어 왔으며, 각종 소설의 데이터를 짜깁기해서 300여 쪽이 넘는 소설을 완성하는 데 단 3일이 걸렸다고 한다.

기자를 대신해 기사를 작성하는 '로봇 저널리즘'도 등장하고 있다. 다음은 뉴스로봇이 작성한 프로야구 기사다(https://www.facebook.com/kbaseballbot#!/kbaseballbot/?fref=nf).

(10.31) 삼성 2:13 두산

유희관을 선발로 앞세운 두산은 31일 열린 한국시리즈 5차전 경기에서 장원삼이 나선 삼성을 13:2로 대승하며 홈 팬들을 열광시켰다. 두산의 양의지는 맹활약을 펼치며 팀을 승리로 이끌었다. 양의지는 1회말에 장원삼을 상대로 2점을 뽑아내며 두산의 11점차 승리를 이끈 일등 공신이 됐다. 이후 9점을 더 뽑은 두산은 삼성의 9회초 마지막 공격을 성공적으로 막아내며 31일 경기를 승리로 장식했다.

뉴스로봇은 기사를 단지 몇 초 만에 작성한다. 이 기사를 사람 기자가 썼는지, 로봇 기자가 썼는지 구분하기는 어렵다.* 2016년 2016년 1월 24일 타계한 인공지능의 아버지 마빈 리 민스키Marvin Lee Minsky의 별세 부고도 로봇이 작성했다.[48]

그런데 3D 프린터가 음식을 만들고 로봇 작가와 로봇 기자가 소설과 기사를 쓴다는 이야기에는 숨겨진 과장이 너무 많다. 지나친 장밋빛 환상이나 우울한 비관론이 뒤섞여 바글거린다. 미래 예측 가운데 가장 빗나간 것 중 하나는 음식의 미래다. 반세기 전 미래주의자들은 사람들이 더 이상 음식을 만들고 먹는 데 많은 시간을 보내지 않을 것이며 영양적으로 균형을 갖춘 음식캡슐이 미래의 트렌드가 될 것이라고 보았다. 그러나 현재의 상황은 정반대다. 한동안 한국의 외식 분야에서 명성을 떨친 각종 패밀리 레스토랑 열풍도 시

---

* 컴퓨터 혹은 로봇이 쓰는 이 새로운 글쓰기에 대한 관련 직업 집단의 반응은 흥미롭다. 네덜란드 틸버그 대학의 힐레 반 데 카와 에미엘 크라머 연구팀은 알고리즘에 기초해 로봇이 쓴 기사 4편을 인간 기자와 로봇 기자가 각 2편씩 쓴 것이라고 속인 후 이에 대한 평가를 요청했다. 실험에 참가한 독자들은 이 4편의 기사가 별다른 차이가 나지 않는다고 답변했다. 실험참여자 232명 중에는 기자들도 64명이 있었는데, 이들 기자 실험참여자들은 전문성은 로봇 기사가 낫지만 신뢰도는 사람이 쓴 기사가 더 낫다고 평가했다. 로봇 저널리즘의 출현으로 직업적 이해관계가 가장 밀접하게 연관될 집단으로서는 당연한 반응이라고 할 수 있다. (http://www.bloter.net/archives/211247)

들해진 지 이미 오래다. 표준화된 음식산업에 지친 사람들은 기호와 취향에 맞는 음식을 찾고 직접 만들어 먹기를 바란다. 특이하고 새로운 음식을 찾아 헤매는 페부커^{facebooker}가 개설한 먹북^{MeokBook}이 여기저기 넘쳐나기도 한다.

또한 로봇이 글을 쓴다지만 엄밀히 보면 그렇지도 않다. 예컨대 로봇이 작성하는 기사란 로봇이 직접 타이핑하는 것이 아니라 알고리즘을 통해 기사 관련 빅 데이터를 빠르고 정확하게 처리하는 소프트웨어가 추출해낸 결과물을 의미한다. 아직까지 로봇 저널리즘이 가능한 영역은 사건 사고와 관련한 사실 보도 같은 스트레이트 기사나 스포츠 기사에 국한돼 있다. 인공지능 기술이 획기적으로 진전되면 정보전달형 기사를 넘어, 사건 사고의 내막이나 배경에 대한 상세한 설명을 포함하는 기사 역시 로봇이 작성할 수 있을지 모르겠다. 하지만 사설·칼럼 같이 특정 사안 혹은 쟁점에 대한 가치 평가적인 견해나 주장 등을 포함하는 기사까지 로봇이 쓸 수 있을 그날은 아직은 요원하다.

소설 쓰는 로봇이나 바둑 두는 알파고나 마찬가지다. 알파고 이벤트 직후인 2016년 3월, 인공지능이 쓴 소설 《컴퓨터가 소설을 쓰는 날》이 일본의 문학상 예심을 통과하면서 세간을 다시 한 번 떠들썩하게 했다. 하지만 정작 프로젝트 개발자는 인간이 만든 프로그램이 소설을 썼을 뿐, 소설 쓰는 인공지능은 없었다고 말한다.[49]

물론 기계가 인간보다 잘하는 일은 많다. 특히 근력과 지능을 활용하는 분야에서는 앞으로 기계의 활용도가 더욱 급속하게 늘어날 것이다. 도구와 기계는 보다 빨리 개선되고 좀 더 효율적이고 정밀해지고 있다. 하지만 인간에겐 너무 단순하고 쉽지만 최첨단 기계로는 불가능한 일은 여전히 남아 있다. 드론 같은 로봇 기계가 하늘을 나는 건 쉬워도 사람처럼 걷고 계단을 오르고 뛰는 건 어렵다. 컴퓨터와 인공지능이 체스나 퀴즈, 바둑 분야처럼 몸을 움직이지 않는 분야에 도전장을 먼저 내민 이유이기도 하다. 아기도 구분하는 고양이와 개를 최첨단 인공지능이 구분하지 못한다는 것도 이미 알려진 사실이다. 좋아서 웃는지, 기가 막혀 웃는지, 슬퍼서 우는지, 기뻐서 우는지 그 감정의 미묘한 상태를 알아차리기도 어렵다.

여기까지 이야기가 전개되면 또 다른 반박 혹은 주장을 만날 수 있다. 지금의 기술 개발 속도를 고려하면 조만간 인간을 압도하는 새로운 기술에 도달할 것이라는 반박과, 아무리 기술이 발달하더라도 인간만의 고유한 능력이나 영역으로 남게 될 무언가는 있을 것이고 그것이 무엇인지 아는 게 중요하다는 주장이 그것이다. 그런데 기계의 압도성과 인간의 고유성을 묻는 이 각각의 질문은 서로 달라 보이지만 둘 다 잘못된 문제 설정에서 출발하고 있다.

유부돌, 알파고를 이기다

▶▶　　　2016년 3월 바둑기사 이세돌과 구글 딥마인드가 개발한 알파고의 바둑 경기는 '인간과 인공지능의 대결'이라 불렸다. 이 '대

결'에서 알파고는 4승 1패로 승리를 거두었고, 각종 언론과 호사가들은 이세돌의 패배를 인간의 패배라며 요란을 떨었다. 그런데 나에게 있어 신선한 충격은 이세돌의 연이은 3패를 지켜보던 아이가 무심히 던진 말이었다.

"엄마, 이세돌 아저씨가 너무 멋져 보여. 바둑알을 쥔 손가락이 왜 그렇게 매력적이야?!"

'휴덕'은 있어도 '탈덕'은 없다며 남자 아이돌 그룹을 몇 년간 꾸준히 사랑해오고 '옵하'들이 결혼하면 좀 슬플 것 같다고 말하던 아이가 아재 이세돌을 향해 한 말이기에 더욱 뜻밖이었다. 유부돌은 어떻게 알파고를 능가한 것일까.

알파고는 인공지능으로 불리지만 그 실체는 바둑 소프트웨어에 가깝다. 스스로 질문을 던지고 해법을 찾아가는 자율성을 갖춘 강한 인공지능이라기보다는 외부로부터 입력된 빅데이터를 통해 스스로 학습하고 계산할 수 있는 약한 인공지능의 형태다. 현재의 인공지능은 인간처럼 사고하고 행동하는 강한 인공지능이 아니라 약한 인공지능, 즉 미리 정의된 규칙의 모음을 이용해 지능을 흉내 내는 컴퓨터 프로그램이라고 할 수 있다. 물론 입력에 따라 계산 값만 연산하는 계산기에 비하면 고성능 컴퓨터와 빅데이터를 활용한 딥러닝deep learning 능력은 탁월한 것이다. 하지만 SF 영화에 등장하는, 인간의 종말을 가져오는 터미네이터와는 아직까지는 거리가 멀다.

인간과 컴퓨터의 대결 이벤트는 이번이 처음은 아니다. 1996년 IBM의 딥 블루는 체스에서 세계챔피언을 이겼고, 2011년 인공지능 컴퓨터 왓슨은 미국 퀴즈쇼 제퍼디의 역대 가장 강력한 우승자를 꺾었다. 그래서, 무엇이 달라졌을까. 당시에는 다들 컴퓨터와 인공지능에 패배한 체스와 퀴즈풀이는 이제 사라질 것이라고 예측했지만, 오히려 이 놀이의 풍경은 여전할 뿐 아니라 더 큰 활력을 갖는 계기가 되었다. 최근 감지되고 있는 바둑 열풍도 이와 다르지 않다.

그럼에도 구글 미디어 이벤트 이후 쏟아지는 미래 예측은 인간 대 기계라는 대결 프레임에 기초하고 있다. 로봇 기계와 인공지능이 인간을 위협하는 강력하고 무자비한 모습으로 그려지는 대결 프레임은 전형적인 공포마케팅의 모습을 띠고 있다. 막강한 기계 앞에 무력한 개인을 통해 다수 인간의 불안을 조장하고 이를 통해 각종의 미래 대비 상품을 구매하게 만들려는 것이다.

실제로 이세돌이 패배를 거듭하자 호들갑이 진동한다. 음식도 기계가 찍어내고 로봇이 글을 쓰고 인공지능이 인간의 뇌를 능가하는, 이제 인간이 필요 없는 그런 막강한 기계와 로봇의 시대가 마치 목전에 온 듯하다. '이 버스의 종착역은 SKY입니다. 초등학교 5, 6학년은 늦습니다'라며 부모의 불안감을 조장하는 사교육 광고에 인공지능 마케팅까지 더해져 극성이다. '인공지능이 지배하는 시대, 당신의 아이를 위해 무엇을 해야 하는가'라는 자극적인 문구로 시작하는 자녀의 성공을 위한 특강 쇼는 여기저기서 인기리에 사회적 상영을 지속하고 있다.

이런 미래주의적 열광의 정반대편도 있다. 기계나 로봇, 인공지능이 넘볼 수 없는 인간만의 영역과 능력의 차원을 애써 강조하는 인

간주의적 시선이 그것이다. '인간중심주의'는 지능은 경쟁력이 없을
지라도 정서적인 공감 능력만은 인간이 뛰어나다고 강변한다. 하지
만 정서적 공감 능력은 타고난 자질이 아니라 사회적 자질이다. 영
화 〈그녀〉를 보면 인공지능 OS인 사만다는 테오도르의 이혼한 인간
아내보다 공감 능력이 뛰어나다. 영화적 상상이지만 허무맹랑해 보
이지 않는다. 기계 같은 인간도 있는데 인간 같은 기계는 앞으로 왜
불가능하겠는가. 도무지 침범할 수 없고 차별성을 갖는 인간 고유의
일을 찾기란 점점 더 어려워지고 있다.

　도구와 기계, 로봇, 그리고 인공지능에 이르는 이 모든 테크놀로
지는 인간의 편리를 위해 만들어진 도구지만 인간을 본떠 만들어졌
을 뿐 아니라 갈수록 인간 그 자체를 닮아가고 있다. 인공장기는 인
간의 신체이자 정신의 한 부분으로 작용한다. 사이보그 인간의 출
현은 결코 먼 미래의 일이 아니라 오래된 미래다. 기술의 진화 방향
은 기계와 인간이 점점 더 유사해지는 방향으로 진행되고 있다. 기
계 로봇과 인공지능은 사람의 일과 역할을 대신하고 대체해버릴지
도 모른다. 그러나 다른 한편으로, 인간의 수고로운 영역을 기계가
대신하는 것 또한 절실히 필요하다. 기술의 속도에 미혹되어서도 안
되겠지만, 기술의 변화 방향을 애써 무시할 이유도 없다. 이미 오래
전부터 도구와 더불어 살아온 존재로서, 인간의 신체와 정신의 한
부분이기도 한 도구를 구분하고 별개로 보려는 노력은 부질없다.

인간과 기계 사이의 균형이 필요하다

▶ 　　인간과 기계의 대결이라는 프레임, 즉 인간을 압도하는 기계에 대한 두려움이나 기계와 다른 인간의 고유성을 찾는 시도에는 모두 '기계보다 못한 인간'에 대한 좌절과 패배감이 깊이 배어 있다. 하지만 기계의 탁월성을 예찬하거나 혹은 기계에는 없는 인간의 고유성을 찾으려는 인간 대 기계라는 경쟁적 대결 프레임은 무의미하다. 예컨대 이세돌과 알파고의 바둑 대국은 인간과 기계의 대결이 아니다. 이것은 철저하게 계산된 구글 글로벌 자본의 미디어 이벤트일 뿐이다. 알파고 이벤트로 구글은 상금과 대회운영비로 단돈 20억 원을 쓰고 인공지능 분야에 상징적 입지를 다지는 천문학적인 경제적 효과를 본 것으로 알려져 있다.

더 많은 정보기술과 네트워크를 선점하려는 사회 경제적 이해관계는 신기술의 태동과 진보에 영향을 미친다. 달에 우주인을 보내고 화성 탐사를 시도하던 우주 경쟁의 절정기는 미국과 구소련의 이데올로기 경쟁이 최고조에 달한 1960~1970년대 냉전 시대였다. 냉전이 더 지속되었더라면 인류의 화성 도착은 이미 이뤄졌을지도 모른다.

스스로 문제를 설정하고 해결법을 찾는 강한 인공지능이 인류를 위협하는 시나리오는 영화적 상상력에 가깝지만 테크놀로지가 특정 사회집단의 이해관계에 따라 인류적 재앙을 초래하는 파괴 행위에 활용되는 일은 예전부터 지금까지 여전히 일어나고 있다. 약한 인공지능의 형태인 무인조종기 드론은 무차별적인 테러와 살상의 도구로 이미 사용되기 시작했다. 알파고 이벤트로 58조에 이르는 자산가치가 상승하고 인공지능 시장 선점에 따른 천문학적 경제 효과를 누리고 있다는 사실은 인간과 기계라는 이벤트적 대결 드라마에 가려 있다.

로봇이 인간을 대체할 것이라는 장밋빛 혹은 어두운 전망 모두 기술의 사회적 측면을 도외시하는 지극히 낡고 오래된 주장일 뿐이다. 인공지능이나 로봇 관련 분야가 새로워 보이지만, 예전부터 있어 온 기계화나 자동화 맥락에서 보면 익숙한 이야기의 연장선에 있다. 산업기계가 노동자를 대체하고 교육비디오가 교사를 대신할 것이라고 했지만 현실은 직선적 변화로 나타나지 않았다. 인공지능이나 로봇의 기술적 새로움에 들떠 강조하기보다는 현재의 자동화 기술이 갖는 사회적 맥락을 이해하고, 이를 바탕으로 어떠한 제도적 개입과 문화적 전환이 필요한지에 좀 더 주목할 필요가 있다.

인간과 기술의 대결이라는 이벤트 프레임을 벗어나기 위해서는 로봇과 인공지능 같은 새로운 테크놀로지의 사용 윤리에 대한 사회적 논의를 시작해야 한다. 새로운 테크놀로지 윤리는 인간과 기계를 서로 배타적이고 경쟁적인 것으로 보는 기술전능주의나 인간중심주의와는 다른 접근이 필요하다. 인간의 골동품화를 예견하는 기술만능주의도 문제지만, 인간중심주의 역시 편향된 시선이라 하지 않을 수 없다. 인간만의 고유하고 비범한 능력과 자질을 찾는 인간중심주의는 자연과 사물을 비인간의 세계라는 잔여 범주로 간주한다.

비인간의 영역인 자연과 사물은 인간의 편리를 위한 도구로 사용되고 인간중심적으로 재편되어왔다. 하지만 인간 역시 사물과 자연 가운데 살아가며 함께 사는 존재다.

인공지능이 던지는 가장 근본적인 질문은 인간과 사물, 자연 사이의 적절한 균형이 무엇인가에 대한 것이다. 즉, 인간을 닮은 인공지능은 인간 존재의 고유성은 무엇인가라는 문제보다는 사람과 자연, 사물이 공존하는 삶을 위해 인간이 무엇을 어떻게 할 것인가에 대한 깊은 성찰을 요구한다. 이 새로운 균형에 대한 질문은 이미 시작되었다.

예컨대 구글의 미디어 이벤트는 인간과 자연, 사물 사이의 새로운 균형 찾기의 필요를 포착하는 계기이기도 했다. 구글 이벤트는 인간과 비인간의 대결 프레임 안에서 이뤄졌지만, 이에 대한 대중의 반응은 이를 넘어서는 독특한 역동을 보였다. 3연패 이후 이세돌은 어떤 구차한 변명도 없이 인간이 아니라 자신이 알파고에게 패배한 것이라 말했다. 이처럼 패배를 성찰하는 이세돌에게 사람들은 인간의 품격을 느낀다고 평했다. 인간의 품격은 천재 개인의 몫만은 아니었다. 3차례 연패 후 1승을 거두고 나서 이세돌은 이미 패배가 확정된 자신에게 쏟아진 격려와 칭찬에 감격해했다. 이세돌이 대중에게서 느낀 인간의 품격이라 할 수 있다. '인간의 품격'이라는 국면의 등장은 또 다른 인간중심주의라기보다는 사람들이 추구하는 독특한 균형감각을 보여준다.

사람들은 새로운 기계와 인공성에 대한 일방적 열광이나 열패감을 감추려는 대신 인간과 기계 사이의 균형을 어떤 방식으로든 찾아야 한다는 것을 느끼고 있다. 인간과 기계 사이의 균형은 기술의 문제가 아니라 사회의 문제다. 인공지능 기계의 사용과 방법에 대한 사회적 소통은 그 어느 때보다 절실하다.

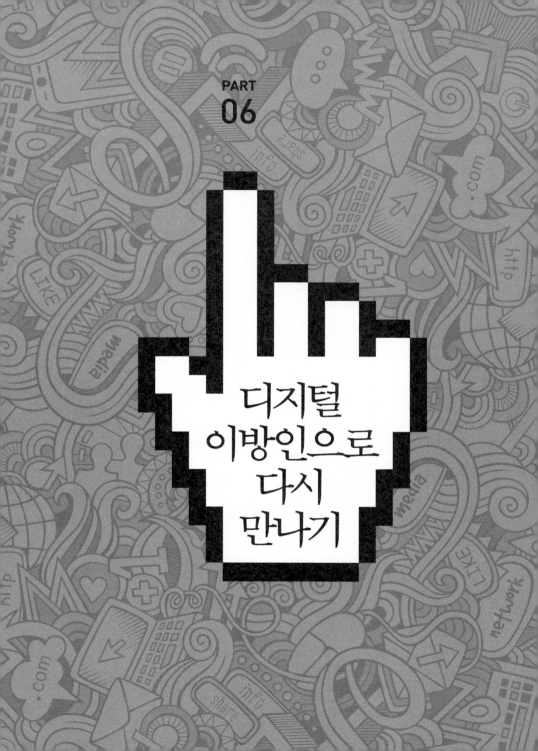

PART
06

디지털
이방인으로
다시
만나기

디지털 시대
부모 노릇 관찰기

디지털 일병 구하기

▶▶　　　학교 현장의 교사들이 가장 곤혹스러운 경우는 아이에게서
스마트폰을 뺏어달라는 부모의 호소다.

"아이에게서 스마트폰을 뺏어주세요. 인강 듣는 건 좋은데 카톡
할까 봐 걱정이에요."

"제발 시험기간만이라도 아이들에게서 스마트폰을 빼앗아주세
요."

온통 아이들에게서 스마트폰을 뺏어달라는 이야기들이다. 그래서
매일 아침 교사들은 007가방보다 무거운 휴대폰 수거가방을 들고
교실 문을 나서야 한다. 교사들은 십수 년 동안 키운 부모도 못 하는

휴대폰 수거 가방 (오영희 교사 제공)

일을 교사가 어떻게 할 수 있겠느냐고 반문한다. 부모 역시 이 점을 모르지 않지만 아이들과 더 이상 갈등을 빚고 싶지 않은 애타는 심정이자 마지막 호소에 가까운 부탁일 것이다.

부모들은 말한다. 학기 중보다 방학 때가 더 힘들다고. 아이와 부모가 가장 갈등을 빚는 시기는 함께 보내는 시간이 상대적으로 많은 방학이다. 아이와 많은 시간을 보내는 방학이면 아이의 손에 들려진 스마트폰은 아침부터 부모의 시야에 포착된다. 일어나서 자기 직전까지 스마트폰에 안달하는 아이를 지켜보는 부모들은 온 힘을 다해 디지털 세상에 갇힌 아이들을 구하려 애쓴다.

불편한 심정은 아이 편에서도 마찬가지다. 아이에게 부모는 잘 알지도 못하면서 앞뒤 안 맞는 잔소리와 윽박만 내지르는 훼방꾼이다. 특히 일관성 없는 행동은 자녀의 불신을 더욱 깊게 한다. 대화중에 스마트폰을 만지작거리는 아이에게 주의를 주면서도 정작 부모 자신은 스마트폰에서 눈을 떼지 못한 채 아이의 질문과 이야기에 영혼 없는 대답을 하는 경우가 적지 않다. 과연 스마트폰을 이기고 디지털 세계에 빠진 아이를 위한 디지털 일병 구하기 작전은 성공할 수 있을까.

가정에서 아이와 부모 사이에 일어나는 일상적인 갈등은 단언컨대 스마트폰 때문이 아니다. 다양하게 누적된 불만들이 야기한 갈등의 폭발이 스마트폰을 빌미로 이뤄질 뿐이다. 예컨대 부모는 아이들이 옆도 뒤도 돌아보지 말고 오로지 공부라는 목표만 보고 달려주길 바란다. 이와 달리 아이는 옆도 뒤도 돌아보고 싶고, 또 그래야 하는 존재이기도 하다. 서로 다른 목표와 관심을 가진 부모와 아이는 각자에 대한 불만 마일리지를 마음속에 서로 적립하고 있는 셈이다.

이런 점에서 보면, 스마트폰을 주느냐 마느냐가 아니라 어떻게 부모와 아이가 서로의 친밀함과 신뢰를 유지하고 대화할 수 있느냐가 더 관건이다. 스마트폰을 어떻게 제대로 사용할 것인가에 대한 대화는 그 다음의 문제다. 철학자 대니얼 데닛^{Daniel C. Dennett}은 다양한 생각도구를 제시한 책 《직관펌프》에서 트집 잡기나 몰아붙이기가 아니라 존중과 공감에 입각한 비판적 대화를 도모하는 방법으로 '래퍼포트 규칙'을 소개하고 있다. 이 규칙은 상대방의 입장을 매우 명확하고 생생하고 공정하게 다시 표현해 상대방이 "고맙습니다. 그렇게 표현하는 건 미처 생각하지 못했네요."라고 말하는 것에서부터 대화가 시작되어야 하며, 의견이 일치하는 지점을 모두 나열하고 상

대방에게 배운 것을 모두 언급한 후에야 반박하거나 비판할 자격이
생긴다는 점을 강조한다.

대화는 각자 앞만 보고 질주하는 달리기 경기가 아니다. 지금부터
"대화하자"고 하면 바로 대화가 되는 게 아니다. 말이 오간다고 해
서 그것을 대화라고 할 수도 없다. 레퍼포트 규칙이 시사하는 바는
대화의 상대방을 충분히 알아야 한다는 것이며, 상대방도 내가 그를
이해하려고 한다는 사실을 진심으로 알 수 있어야 한다는 것이다.
대화는 각자 할 말을 쏟아 붓고 잘잘못을 가리는 것이 아니라 서로
를 향한 인정과 이해를 위한 노력이 우선되어야 한다. 물론 공적 대
화나 토론과 관련한 래퍼포트 규칙을 밀착이 강한 가정에서 부모와
자녀 사이의 대화에 적용하기는 쉽지 않다.

일상의 관계에서 이뤄지는 대화에는 친밀감에 기반을 둔 상호 신
뢰가 먼저 요구된다. 부모가 아이에게 대화 좀 하자고 말하면, 아이
들은 '또 훈계 시작'이라며 저 멀리 마음부터 달아난다. 아이들의 슬
픈 직감은 대체로 정확하다. 아이들은 부모가 대화를 통해 어떤 결
론을 내고 싶어 한다는 사실을 안다. 설령 의도는 대화였을지라도
결국은 위계가 높은 한쪽의 일방적인 설교로 끝나는 경우가 허다하
다. 대화를 통해 서로를 이해하고 합의를 이끌어내기란 매우 성공
률이 낮다. 일상에서 이뤄지는 대화는 합의가 아니라 지속성이 더
중요하다.

자연스럽게 이뤄지는 대화에는 마치 한 편의 예술처럼 유려한 흐
름이 있다. 자연스러운 대화의 지속은 친밀감과 상호 신뢰를 기본

전제로 이뤄지며, 말과 추임새, 표정이라는 언어적·비언어적 요소들을 잘 배합할 때 실현될 수 있다. 서로에게 잔뜩 격앙되거나 불만스러운 상태는 말에 앞서 표정과 느낌으로 드러난다. 이래서는 결코 대화가 가능할 수도 지속될 수도 없다. 아이와 일상에서의 갈등이 있다면, 대화하자는 일방적인 요구를 하기 전에 최소한 '참을 숨' 세 번이 필요하다. 아이를 향해 뙤약볕만큼 달궈진 마음의 열기부터 식히고 담담히 말을 건네거나, 그도 안 되면 그냥 지켜보는 것도 그리 나쁜 선택은 아니다.

디지털 잔혹동화의 주인공들

▶   부모는 스마트폰을 내어놓으라고 하고, 아이는 뺏기지 않으려고 안간힘을 쓴다. 좋은 말로 타일러보려던 인내심도 바닥나고 한 마디도 지지 않는 아이와 한바탕 전쟁을 벌이고 나면 온 집안은 냉랭한 기운만 가득하다. 비둘기처럼 다정한 사람들이 모여 포근한 사랑 엮어가는 그런 집은 도대체 어디로 가고 끝없는 실랑이만 남은 것일까라는 고민에 빠진다.

행복하고 화목한 가족이라는 이상과는 달리, 현실에서 가족 내 갈등은 일상적이고 보편적이다. 예컨대 영화나 드라마는 현실과 동떨어진 가족 판타지를 제시하기도 하지만 가족 구성원 사이의 갈등을 다양하게 포착하기도 한다. 특히 가족 내 갈등은 아이와 살아가는 부모의 전형화된 캐릭터를 통해 재현되곤 한다. 아빠/남편은 가족 구성원에게 가부장적이거나 가정에 도통 무심한 남성이라면, 엄마/아내는 가부장에게 순종적이거나 자녀에게 극성스러운 여성으로 묘사되는 식이다.

영화 〈이웃에 신이 살고 있다 The Brand New Testament〉는 가부장 남성/아빠와 무력한 방관자 여성/엄마로 부모의 모습을 재현한다. 아빠 신은 컴퓨터가 없으면 아무것도 할 수 없다. 컴퓨터를 매개로 인간 세상의 불행과 재난을 온갖 법칙으로 만들어낸다. 이를테면 욕조에 몸을 담그자마자 전화벨이 울리는 머피의 법칙에서부터 불치병에 걸리게 하거나 북극의 빙하를 녹이는 일까지, 온갖 나쁜 일을 다 꾸미고 저지른다. 결혼 전까지는 여신이었던 엄마는 인간 세상에 대한 아빠의 잔인한 놀이는 물론, 권위적인 가부장의 폭력에 어떤 항변도 못하고 방조한다. 이처럼 가부장이 군림하는 무력한 상황이 깨지는 것은 딸 에아 EA가 인간 세상의 사람들에게 각자 남은 수명이 얼마인지를 알리는 전체 문자 메시지를 전송하는 발칙한 도발에서 비롯된다.

아이들의 이야기 세계를 전복하는 잔혹동화는 좀 더 살벌하게 부모의 모습을 재현한다.[50] 독일 그림형제의 〈노간주나무〉를 원작으로 하는 앨리사 너팅 Alissa Nutting의 〈오빠와 새〉에서 부부는 교활한 아내/새엄마와 방관자 남편/아빠로 그려진다.[51] 이 잔혹동화에서 새엄마에게 살해당한 아들의 몸은 사워브라튼 sauerbraten 요리로 만들어져 무심한 아빠의 입으로 들어간다. 끔찍한 현실에 괴로워하는 여동생 마를레네는 이복오빠의 조각난 시신을 노간주나무 아래에 묻는다. 시간이 흘러 아빠는 아들의 부재를 더 이상 묻지 않는 대신, 사워브라튼 요리를 다시 해줄 수 없냐고 아내에게 묻는다. 그때 라디오에서 '우리 엄마는 나를 죽였네. 우리 아빠는 나를 먹었네. 내 여동생이 내 뼈를 구해주었지'라는 아주 기이한 노래가 흘러나온다.

현실도 마치 한편의 잔혹동화 같다. 아니, 더할지도 모른다. 아이의 성공적 미래를 위해서는 할아버지의 경제력과 엄마의 정보력, 아빠의 무관심이 필요하다는 말이 회자된 지 오래다. 아빠의 직업과 소득도 아니고 할아버지의 경제력이 의미하는 바는 아이 자신의 노력이나 성취와 무관한 신분사회로의 진입을 단적으로 드러낸다. '헬리콥터 맘'이라는 신조어가 생겨날 만큼 자녀 양육과 교육은 전적으로 엄마의 정보력과 활약에 맡겨져 있다.

이 가운데 아빠 역할로 부여된 자녀와 가정에 대한 무관심은 가족 내 전형화된 남성의 모습과 현재 변화하고 있는 위치를 동시에 드러내고 있다. 즉, '무관심' 역할은 집안 대신 바깥의 경제적 일에 전념해온 남성의 역할을 여전히 반영하고 있으면서도, 어설프게 훈계하는 가부장 남편/아빠에 대한 거부 역시 내포하고 있다. 나아가, 가정이라는 친밀성의 세계에 대한 남성의 몰이해와 부적응 역시 포함하고 있다. 이는 권위주의적 관계가 가족 관계 안에서 더 이상 예전처럼 작동하고 있지 않으며 가족 구성원 간에 새로운 관계 맺기를 요구하고 있다는 것을 보여준다.

아이들의 입장에서 보면 이 새로운 관계 맺기의 필요는 가족 구성원 그 누구보다 절실하다. 상상과 현실 모두에서 재현되는 부모의 모습에는 부모와 살아가는 아이들의 무의식화된 거부와 두려움, 공포가 묻어난다. 거부와 공포는 서로 다른 세계에서 살아가는 존재들이 서로에게 느끼는, 즉 낯선 존재에게 느끼는 원초화된 감정이다. 아이들에게 외부 세계는 낯설고 두려운 대상이며, 부모는 가장 먼저 적응한 바깥 세상이고 타자이다. 초기 사회화 과정에서 아이들은 부모라는 타자를 통해 세계를 상상하고 이해한다. 하지만 이 시기를 지나면 부모를 매개로 세상을 보던 창을 지나 또 다른 시선으로 세계를 보려 하며 또 그래야 한다.

아빠라는 전통적 가부장 신이 통치하는 규칙을 벗어나 보통의 인간 모두에게 문자를 보내는 에아, 혈연관계의 엄마에게 동조하는 대신 이복 오빠의 시신을 노간주나무 아래 묻어주는 마를레네는 기존의 관습과 규칙, 권위 대신 새로운 변화를 위한 시도를 감행하는 존재들이다. 이처럼 자기 시선으로 세계를 대면하려 하고, 이미 적응한 세계를 벗어나려는 시도는 언제나 갈등을 가져온다. 기존 현실을 거부하지 않고 머물려는 욕구, 새로운 외부를 향한 긴장과 두려움이라는 내적 혼란은 물론, 변화를 용인하지 않으려는 관습의 수호자들과의 격전도 언제나 존재하기 때문이다.

스마트폰을 두고 벌어지는 부모와 아이의 갈등도 마찬가지다. 설령 본질적으로는 같을지라도, 아이들은 부모 세대가 살아온 세계와는 다른 디지털 세계에 놓여 있다. 디지털 아이들을 부모 세대의 경험과 판단 안에 묶어둘 수는 없다. 그들에게는 스스로 길을 찾고 만들어 나가는 과정이 필요하다.

잘알못, 부모는 자꾸 아이를 가르치려 한다

▶▶   스마트폰 사용에 대한 부모와 아이의 생각은 그 간극이 너무 크다. 부모는 아이들의 스마트폰 사용을 '혹시 중독?'이라는 시선으로 접근하고, 아이들은 이런 부모들이 못마땅할 뿐이다. 심지어 아이의 눈에 비치는 부모는 나보다 인터넷과 컴퓨터, 스마트폰을 더 많이 하는 사용자다.

소위 '중독'이라는 잣대로 보자면 아이 자신이 아니라 오히려 부모와 어른들이 더 심각해 보일 지경이다. 청소년을 모바일 엄지족이라 부른다면 모바일 세상의 쇼핑과 콘텐츠 소비를 주도하는 것은 모바일 검지족이 대세인 시대다. 부모는 컴퓨터 옆에 태블릿 PC를 두고 다른 한 손에는 스마트폰도 들고 있다. 거실의 컴퓨터 전원 켜는 것도 귀찮아 앉은 자리에서 스마트폰으로 검색하고 쇼핑한다. 나보다 엄마 아빠가 더 많이 쓴다며 항의라도 하면 너와는 달리 엄마 아빠는 꼭 필요해서 쓰는 거라는, 납득할 수 없는 핑계를 댄다. 밴드와 카톡으로 다시 만난 옛 동창들이 보내온 메시지를 연신 들여다보면서도 아이에게는 시간을 지켜 일정한 정도만 사용하라며 단호하게 군다. 그러다가도 부모 자신이 필요할 때는 마치 예외 상황인 양 허용하는 일관성 없는 존재이기도 하다.

부모들은 '디지털 바담풍' 해도 아이들만은 '디지털 바람풍' 하길 바라는 기대도 허무맹랑하지만, 디지털 사용을 중독의 관점에서 접근해서는 결코 부모와 아이의 갈등을 푸는 실마리를 찾기 어렵게 된다. 중독이라는 시각으로 보면, 부모의 눈에 비친 아이나 아이 눈에 비친 부모나 모두 중독자이긴 매한가지다. 하지만 아이 어른 할 것 없이 애용하는 컴퓨터와 인터넷, 스마트폰의 사용은 중독이 아니라 생활이자 문화다. 인터넷과 디지털, 스마트폰 없이는 일상적인 인간관계, 일, 과제 등 그 어느 것도 원활하지 않다. 일상생활에서 디지털 사용은 선택이 아니라 의무에 가깝다.

　이런 점을 고려하지 않고 스마트폰을 이기는 부모가 되어야 한다거나 스마트폰이 성마르고 예의 없는 아이들을 만든다며 인성 타령만 하는 주장은 비현실적이고 일방적인 처방일 수밖에 없다. 일상 곳곳에 스며들어 있는 스마트폰은 아이를 두고 매력 경쟁을 벌이기에는 너무나 버겁고 매혹적인 존재다. 디지털 사용을 중독이나 일탈 문제로 접근하는 한, 아이들에게 인성교육은 결론이 빤한 고루하고 따분한 잔소리에 불과하다. 인터넷과 게임, 스마트폰에 대한 걱정 넘치는 설교는 집과 학교, 미디어를 통해 지겹도록 넘쳐나기 때문이다.[52]

　디지털 아이들을 중독자로 낙인찍고 어설프게 가르치려는 태도는 관계를 망치는 지름길이다. 레베카 솔닛Rebecca Solnit은 《남자들은 자꾸 나를 가르치려 든다》에서 남자가 여자에게 잘난 체하며 아랫사람 대하듯 설명하는 태도를 맨스플레인mansplain이라고 꼬집고 있다. 남자^{man}와 설명하다^{explain}를 결합한 신조어인 맨스플레인은 무엇이 대화의 단절을 가져오는지를 단적으로 드러낸다. 나아가 솔닛은 '대화가 어긋나는 것은 내가 알고 상대는 모르는 것을 상대가 내게 가르치려 들 때'라고 말한다. 어설픈 충고는 안 하느니만 못하다. 대부분의 경우 자기 경험에 국한되거나 편견이나 권위에 기댄 일방적인 충고인 경우가 많다. 이때 듣는 쪽은 잠자코 침묵한다. 이는 강요된 것이면서 다른 한편으로는 대화 상황의 빠른 종료를 원하는 능동적 선택이기도 하다.

여성을 무시하고 가르치려는 권위적인 남성의 태도와 행동을 맨스플레인이라고 한다면, 자기 경험과 가치를 절대화해서 일방적으로 강요하고 남의 행동과 태도를 평가하는 것을 '꼰대질'이라고 부른다.[53] 꼰대는 주로 학생이나 아이들이 교사나 아버지, 노인 등을 지칭하는 은어로 쓰였지만, 지금은 다른 사람을 아랫사람 다루듯 자기 식대로 이끌고 가르치려는 사람을 가리키는 용어로 두루 쓰인다. 누구도 자신이 꼰대가 아니라고 생각하지만 누구라도 될 수 있다.

자기 잣대로 평가하고 가르치려는 사람일수록 오히려 그 분야나 상황에 대해 전반적으로 이해하지 못하는 '잘알못'인 경우가 많다. 꼰대질이란 용어와 함께 '잘알못'은 잘 알지도 못하면서 아는 체하는 사람이나 그런 태도를 가리킨다. 잘알못은 정보나 지식의 부족 그 자체를 비난하는 것이 아니라, 제대로 알지도 못하면서 편견이나 단견에 사로잡혀 일방적이고 단정적인 주장을 펴는 것을 비판한다. 잘알못의 비판 논리에는 사람은 아는 것보다 모르는 것이 더 많고 자기 경험의 세계를 벗어나기가 쉽지 않다는 평범한 진리가 전제되어 있다.

부모는 어른으로서 아이를 가르쳐야 한다고 생각한다. 하지만 그전에 가르침이 무엇인지를 먼저 생각해볼 일이다. 가르침이란 지식과 정보를 많이 가진 사람이 그렇지 않은 사람에게 전수하는 일방적인 과정이 아니다. 오히려 서로의 시선이 만나는 데서 시작되는 상호적인 교류 과정이다. 가르침이라는 명목으로 시대와 가치의 변화를 인정하지 않은 채 아이들의 문화와 행동에 시비를 걸고 순종을 강요하는 태도가 은연중에 드러나고 있지는 않은지 돌아볼 필요가 있다. 부모가 아이보다 세상에 먼저 온 것은 사실이지만, 부모 역시 자기가 경험하고 아는 것만 알고 느낀다. 디지털 아이들에게 교훈과 가르침을 줘야겠다고 마음먹는 순간, 부모들은 꼰대스러움과 잘알못의 함정에 빠지기 쉽다.

디지털 이방인으로
다시 만나기

모바일 세계의 이방인들

▶️　　　섣불리 가르치려 들기 전에 부모 스스로 디지털 사용법을 좀 더 배우고 노력하면 아이들을 가르칠 수 있을까. 하지만 부모가 먼저 잘 알고 터득한 다음 가르치기에는 디지털 세계의 변화 속도는 지나칠 정도로 빠르다. 디지털 세상에서 태어나 자란 아이들의 디지털 감각을 배워서 따라잡기는 더군다나 어렵다. 디지털 분야의 전문가라고 해도 결코 녹록치 않은 일이다. 이 끝없는 난관을 어떻게 풀어가야 할까.

부모 자신보다 디지털 기기를 더 잘 다루는 디지털 아이들을 키우고 가르쳐야 한다는 현실은 대부분의 부모를 당혹스럽게 만든다. 디지털 세상에 태어나 디지털 기기를 익숙하게 사용하는 아이들을 흔히 디지털 네이티브로 부른다. 이에 비해 기껏해야 텔레비전 키즈였을 부모들은 아날로그 세상에서 디지털 세상으로 옮겨온 디지털 이주민으로 구분된다. 이런 이분법은 디지털 아이들을 그대로 방치하다가는 나중에 땅을 치고 후회할 것이라며, 부모들을 자못 협박조로 으르기도 한다.

그런데 디지털 네이티브와 디지털 이주민이라는 구분은 부모와 아이가 디지털 세계에 처한 모습을 그리는 하나의 수사적 표현으로는 그럴 듯하지만 실제에 적용하기에는 피상적인 용어다. 디지털 기기를 잘 사용한다는 것과 디지털 역량이 뛰어나다는 것은 같은 말이 아니다. 스마트폰과 디지털 패드를 잘 다루는 어린아이가 디지털 세계를 잘 이해하고 활용한다고 보기는 어렵다. 디지털 이용 자체가 디지털 역량을 자동적으로 가져다주지는 않기 때문이다.

무엇보다, 이동과 변화가 일상적인 디지털 세계에서 영원한 네이티브는 없다. 네이티브가 특정한 장소와 공간에 앞서 거주하고 있는 선주민을 가리킨다면, 이주민은 네이티브의 장소와 공간으로 새로 옮겨온 사람들이다. 끊임없이 움직이고 이동하는 디지털 세계에서는 네이티브와 이주민의 구분이 명확하지 않다. 디지털 세계에서는 부모는 물론 아이들도 언제나 이주자일 뿐이다. 오늘 디지털 세계에 태어나고 먼저 건너왔다 하더라도 내일은 새로운 이주자가 될 운명인 것이다. 이동과 변화가 일상적인 모바일 세계에서는 누구나 이주자로 살아간다.

문제는 앞서 온 존재와 한 발 뒤늦게 온 존재들이 어떻게 만나고 소통하며 살아야 하는가이다. 어느 한쪽이 다른 한쪽으로 동화되고 자기 특색을 버리거나 혹은 자신에게 익숙한 관습과 문화를 보편 기준으로 내세우는 것이 아니라, 서로의 경험과 문화를 상호 이해하고 인정하고 이를 통해 상호 변화하는 과정이 필요하다. 이것이 오늘날 다양한 이주와 이동이 이뤄지는 사회 공간에서 정주민과 이주민이 만나고 소통하는 방식이다.

디지털 세상에서 아이와 부모가 관계 맺는 것도 이와 다르지 않다. 디지털을 익숙하게 사용하는 아이들과 디지털이 마뜩찮은 부모들에게는 서로의 경험과 생각을 주고받는 상호 소통이 필요하다. 가르침 이전에 대화가, 대화 이전에 근본적인 신뢰와 유대감이 선행되어야 할 이유다.

나아가 부모와 아이 사이에 상호 협력이 필요한 좀 더 근본적인 이유가 있다. 우리가 마주하는 디지털 세상은 총체적으로 이해하기 어려운 거대하고 복잡한 세상이다. 디지털 세상에서 사용은 누구라도 손쉽게 가능하지만 총체적인 이해는 불가능하다. 뒤늦게 온 새로운 이주자는 물론, 디지털 세계의 관습에 익숙한 거주자조차 빠르게 변화하는 디지털 세계의 작동방식과 그 결과를 이해하고 예측하기는 어렵다. 이런 점에서 디지털 세상에 발을 디디고 사는 사람들은 모두 이방인이다. 나날이 새로운 낯섦이 등장하는 세계에서 디지털 아이들도, 그 부모들도 이방인이긴 마찬가지다. 디지털 세상에서 슬기롭게 살아가기 위해서는 서로를 별개의 존재로 구분하는 것이 아

니라 이해 불가능한 세계를 살아가는 이방인이라는 이해가 서로에게 필요하다. [54]

익숙한 이방인으로 다시 시작하기

▶▶   《딸들이 자라서 엄마가 된다》에서 모녀인 수지 모건스턴과 알리야 모건스턴은 같은 사건과 상황을 엄마와 딸이 얼마나 다르게 바라보고 얼마나 다르게 느끼는지를 보여준다. 한 시간 반 동안 학교에 가기 위한 차림새를 위해 시간을 허비하는 딸에게 엄마는 기어이 "그럼 아무것도 입지 말고 가!"라고 소리를 지른다. 딸은 유행이 한참 지난 옷들이 가득 찬 옷장을 들여다보며 "옷이 많으면 뭐해, 유행이 다 지났는데……!"라고 탄식한다. 교환일기 형식으로 써내려간 모녀의 갈등 이야기를 통해 독자들은 왠지 남의 일 같지 않은 익숙함에 공감한다.

그런데 부모와 자녀 사이에 건널 수 없는 차이를 흔히 세대 차라고 말하지만, 그 차이가 세대 때문인지는 불분명하다. 차이를 '세대' 요인으로 설명하려는 주장은 모호하고 과장된 경우가 많다. 세대 간 차이를 강조하지만, 현실에서는 세대 내 차이가 더 크다. 아이들마다의 차이는 크며, 이 세대 내 차이는 연령이라는 단일 요인보다 아이의 부모 배경과 양육과정, 성별, 학령 등의 변수와 연관될 때 더 큰 설명력을 갖는다.

오히려 생활을 함께하는 부모와 아이에게는, 서로 같지 않지만 다른 가족과 비교하면 왠지 모를 비슷한 면이 있다. '내 안에 너 있다'는 멜로드라마의 오글거리는 대사가 아니다. 아이는 부모보다 한 발 늦게 세상에 온 존재지만, 부모는 아이를 통해 예전의 자신을 발견한다. 이것은 아이의 편에서도 마찬가지다. 아이는 어느 날 문득 자신이 부모와 닮아 있음을 느낀다. 세상에서 자신을 가장 많이 닮은 타자, 말하자면 '익숙한 이방인familiar stranger'의 모습을 서로를 통해 발견할 수 있다.[55]

부모와 자녀 사이를 익숙한 이방인으로 보는 것은 유전적 복제와는 다른 접근이다. 유전자적 동일성은 다양한 차이를 설명하는 데 어려움이 있다. 예컨대 같은 부모를 둔 자녀들에게서 나타나는 뚜렷한 차이라든가, 입양가족처럼 혈연관계가 아닌 경우에도 보이는 '가족유사성'을 설명하기는 어렵다는 말이다. 그런가 하면 부모나 앞 세대의 관례나 문화가 생활공간이 같은 자녀나 아랫세대에게 그대로 전수된다고 보는 관점과도 다르다. 문화의 학습이나 전수로 보는 관점은 교육이나 문화를 일방적인 영향관계로 본다는 점에서 단순한 접근이다.

'익숙한 이방인'은 일상의 관계에서 부모와 자녀가 서로에게 영향을 끼치는 가장 가까운 타자관계라는 것을 의미한다. 부모와 아이는 서로 다르지만 익숙하고 친근한 상호의존 관계를 맺고 있다. 이것은 자녀 양육이 갖는 독특한 변증법을 통해 좀 더 쉽게 이해할 수 있다. 자녀 양육의 과정은 부모가 아이를 보호하고 가르치는 것

이상을 포함한다. 부모 자신의 생활과 행동반경 자체가 어떤 식으로든 변경되는 것은 물론, 자녀와의 관계를 통해 부모 자신도 변하기 때문이다.

부모는 아이를 키운다고 생각하지만, 아이를 통해 부모 자신도 변화한다. 부모의 기분이 우울하면 아이도 그러하고 아이가 웃으면 부모도 따라 웃는다. 부모가 바쁘면 아이도 초조해하며 아이가 속상한 얼굴을 보이면 덩달아 부모 속도 타들어간다. 아이와 부모의 관계는 가장 가까이에 몸이 함께 있고 그래서 마음도 함께 연결된다. 달리 말하자면 아이와 부모는 가장 가까이에서 서로에게 영향을 미치는 상호의존적인 타자관계, 즉 익숙한 이방인들이다.

차이를 전제한 밀접한 인간관계, 즉 친밀한 이방인과의 관계 맺기는 언제나 새로운 과제이다. 적절한 관계를 유지하기 위해서는 무관심과 지나친 참견, 관심을 보이는 것과 여지를 주는 것 사이의 균형이 언제나 필요하다.[56] 모바일 세계에서 디지털 아이와 관계 맺기도 마찬가지다. 스마트폰만 보는 아이 때문에 한동안 너무 속상해서 병이 생길 지경이었다는 어느 엄마는 지인에게서 "네 아이라 생각하지 말고 사촌 조카라고 생각하라"는 조언을 들었다고 한다. 처음에는 '뭐 그런 말도 안 되는 얘기를!' 했지만 화가 날 때마다 사촌 조카다 생각하니 마음이 담담해지고 심지어 아이의 입장과 기분도 이해가 되더라는 얘기를 했다. 끈끈하게 연결된 특별한 관계라는 신념에 가까운 믿음은 서로에게 부담과 상처를 줄 수 있다. 각자의 가치를 갖고 자신의 삶을 사는 존재라는 상호 인정을 확인할 수 있

을 때, 부모와 아이는 서로에게서 이탈되는 대신 균형 있는 관계의
궤도를 달릴 수 있다.

부모 자신을 먼저 보자

▶▶   아이가 소위 사춘기에 접어들면 부모는 어제와 다른 아이
를 만나게 된다. 갑자기 등장한 낯선 악동은 전에 없는 거친 표현과
못된 행동으로 일상의 고요한 평온을 무자비하게 깨뜨린다. 부모의
부글거리는 속을 아는지 모르는지 아이는 스마트폰만 들여다보며
웃음을 흘린다. 어른 몰래 디지털 세상의 일탈과 어둠을 전수하며
내 아이를 망치는 주범은 저 손에 들려진 스마트폰이란 확신이 점점
강해진다. 이런 상황도 예측하지 못하고 덜컥 스마트폰을 사준 자신
을 자책한다. 이럴 때가 아니라고 마음을 다잡고 좋은 말로 대화를
시작해보지만 결국은 갈팡질팡 성난 목소리만 난무한다. 스마트폰
은 어느새 박살이 나 있다. 아이는 잘못했다고 용서를 구하는 대신
더 화난 눈길로 부모를 가만히 비난한다. 도대체 이 낯선 악동은 어
디서 들이닥친 것일까.

　스마트폰이 아이를 악당으로 만든다지만, 아이를 악당으로 여기
는 부모의 시선이 아이를 진짜 악당으로 만든다. 아무리 주의를 주
어도 스마트폰을 놓지 못한다면, 아이를 주시하고 나무라는 대신
아이의 가장 가까운 타자인 부모 자신을 가만히 돌아보는 것부터

시작해보자. 나의 일상사 스트레스가 가장 약한 타자인 아이를 향해 있지는 않은지, '아니라고 하지만 아닌 게 아닌' 내 욕망이 아이의 관심이나 꿈보다 더 우선이진 않은지, 내 경험과 가치가 아이의 삶에서 중요한 판단 기준이 되고 있지는 않은지 곰곰이 생각해볼 일이다.

그리고 한 발 더 나아가 부모 자신에게 어떤 변화가 필요한지를 스스로가 잘 알고 있는지 자문할 필요가 있다. 영화 〈유스Youth〉에서 배역 때문에 고민하던 영화배우 지미는 팬을 자처하는 소녀와 대화를 나눈다. 지미에게 명성을 가져다주었지만 스스로는 평생 오점이라고 여기는 영화 〈미스터 큐〉의 팬이냐는 시큰둥한 질문에 소녀는 뜻밖의 대답을 한다. 그보다는 존재를 몰랐던 아들을 우연히 만난 아버지 역할을 했던 다른 영화에서 깊은 감명을 받았다며, 소녀는 그 영화 속 대사를 읊조린다. "왜 당신은 아빠 노릇을 하지 않았죠?" "……난 무엇을 해야 할지 몰랐어." 영화 속 대화에서 소녀는 '사람들은 자신이 지금 무엇을 해야 하는지 잘 모른다'는 걸 깨달았다고 얘기해준다. 대부분의 사람들과 마찬가지로, 부모 또한 지금 상황에서 무엇을 어떻게 해야 할지 모를 때가 많다. 거대하고 복잡한 디지털 세상에선 더욱 그럴지도 모른다.

'발달'이라는 과제는 흔히 아이들과 관련된 것으로 여겨진다. '내가 배워야 할 모든 것은 유치원에서 다 배웠다'는 말도 그 가운데 하나다. 유·아동기의 학습과 발달에 관한 이론들에 따르면, 만 5~6세 정도의 시기에 이르면 아이들은 단순한 세계를 벗어나 사회적 감각을 가진다고 한다. 특히 3~6세 시기는 빠르고 왕성하게 성장하고 학습하는 시기로, 아이들이 스폰지처럼 습득한다고 부르는 시점이다. 이때쯤 되면 부모는 무엇이든 빨리 배우고 익히는 아이를 보며 영재신드롬에 빠지고 조기교육의 강한 열망도 품곤 한다. 최대한 많은 자극과 경험을 통해 뛰어난 아이로 키우고자 빽빽한 체험교육 일정표를 작성하기도 한다. 하지만 빨리 많이 배우는 것이 과연 좋은 것인지에 대해서는 이론의 여지가 많다.[57] 특히 충분한 친밀감과 신뢰의 경험 없이 이뤄지는 학습은 오히려 아이의 발달을 지체시킬 뿐이다.

'내가 배워야 할 모든 것은 어린 시절에 다 배웠다'는 말은 사실이 아니며, '발달'이 아이들이 이뤄야 할 어떤 과제라는 생각도 마찬가지다. '발달'이라는 용어는 지능이나 신체 등의 완성된 상태와 관련된 직선적인 언어다. 하지만 영어 development를 발달이 아니라 계발로 해석하면 그 의미는 달라진다. 인간의 생애주기는 끊임없는 적응과 변화를 요구한다. 빠르게 변화하는 디지털 세상은 더더욱 그렇다.

그럼에도 '발달 과정에 있는 아이'라는 가정은 부모 자신의 계발과 변화에 대해서는 무관심한 경향을 초래한다. 사회심리학자 에릭 에릭슨Eric Ericson은 '성인들은 자신이 잘 클 수 있는 곳을 찾는 데에는 관심이 없다'고 말한다.[58] 그는 인간의 발달을 생애 전반에 걸친 발달과제와 관련하여 8단계로 구분하고, 성장을 유·아동기나 청소년기에만 해당되지 않고 일생에 걸쳐 진행되는 과정으로 본다. 물론 유·아동기의 경험이 보이지 않는 흔적으로 깊이 무의식으로 각인돼 일생 동안 보이지 않는 배경으로 작용한다는 점은 분명하다. 그럼에도 발달이 특정 시기에 국한된 과업이 아니라는 점 역시 명백하다.

어느 날 갑자기 스마트폰을 든 낯설고 거친 악당이 등장한 것이 아니다. 아이는 여느 때와 마찬가지로 자기 계발의 특정한 과정을 거치는 중이다. 다만 어제와 다른 변화 국면을 어제와는 다른 속도로 맞닥뜨리고 있을 뿐이다. 이 빠른 변화와 속도를 좀처럼 알아차리지 못하고 적응하지 못하는 건 아이가 아니라 오히려 부모다. 지극히 정상적인 아이의 변화를 비정상으로 보는 한, 부모와 아이는 점점 더 멀어질 뿐이다. 관계의 전환기에 스마트폰을 만만한 시빗거리로 삼아서는 아이와의 간극을 절대 좁힐 수 없다.

익숙하고 일상적인 관계라 할지라도 상황과 조건이 달라지면 관계도 변하며, 익숙한 상대방도 낯선 사람으로 느껴질 수도 있다. 그래서 어느 날 갑자기, 아이가 낯선 존재로 느껴지고 불편하더라도 지극히 정상적인 것이다. 아이 편에서 보면 부모 역시 어제의 그 친절하고 다정다감한 부모가 아닐 수 있다. 부모와 아이는 서로 같지 않은 타자다. 다만 서로 친밀한 타자가 될지, 익숙한 적대자가 될지 미리 알 수 없을 뿐이다.

어제는 통했던 방식이 오늘 통하지 않더라도 좌절하거나 분노하지 말고, 관계 맺기의 변화가 필요한 시기가 오고 있다는 사실을 있는 그대로 받아들일 일이다. 그리고 아이와의 관계의 재구성을 위해 부모 자신이 변해야 할 것은 무엇인지 생각할 필요가 있다. 당장 떠오르지 않는다면, 아이의 말대꾸를 반갑게 마중할 준비부터 한번 해보자.

PART
07

새로운
디지털 습속
만들기

모바일
사용 문화 만들기

쉬운 사용의 판타지에서 벗어나기

▶▶   스마트폰의 가장 큰 조력자는 다름 아닌 언제 어디서든 쉽게 연결될 수 있는 와이파이Wi-Fi(wireless fidelity)다. 커피숍에서 지하철까지 스마트폰을 든 사람들 곁에는 언제나 와이파이가 있다. 사람들이 많이 모이는 공공장소뿐만 아니라 집 안 구석구석 어느 공간에서도 와이파이를 사용할 수 있다. 잔소리꾼 부모가 스마트폰을 뺏어가고 2G폰을 주어도 아이들은 걱정하지 않는다. 공폰만 있으면 바깥세상은 물론 내 방에서도 마음껏 디지털 세계로 접속할 수 있기 때문이다.

언제든, 어디서든, 어디로든 접속하고 이동 가능한 모바일 환경은 기존의 미디어 이용에 관한 부모의 상식과 지식을 곤혹스럽게 한다. 널리 알려져 있는 유·아동 미디어 이용 가이드라인에 따르면, 유·아동기 아이가 텔레비전이나 비디오 같은 영상매체에 장시간 지속적이고 빈번히 노출되는 것은 아이의 성장에 부정적인 영향을 미친다. 그래서 부모들은 무작정 텔레비전을 켜고 영상을 보여주는 대신, 시청 시간을 적절하게 정하고 아이에게 적합한 프로그램을 선택해 보여주려 한다. 또한 아이의 눈높이에서 자극적이거나 폭력적인 영상은 지양하고 아이의 지적·정서적 단계에 도움이 될 내용을 우선하여 고려한다. 그리고 설령 내용적으로 검증된 유아용 영상이라 하더라도 아이 혼자 시청하도록 방치하지 않고 부모가 함께 보며 아이의 반응을 살피고 대화를 나누려고 한다.

텔레비전이나 비디오뿐 아니라 책도 마찬가지다. 한동안 책읽기가 붐을 이루었지만, 유아기에 문자 중심의 동화책으로 조기 언어교육을 하는 것 역시 아이의 상상력 계발에 바람직하지 않은 것으로 알려져 있다. 부모들은 무조건적인 책 읽기 대신 아이의 연령과 관심을 고려해 책을 선택하고 균형 있는 책 읽기 습관을 갖도록 돕는다. 매체는 교육을 위한 좋은 도구이긴 하지만, 아이의 연령과 특성에 맞는 적절한 시기와 방식이 있다. 제아무리 새로운 도구와 기계가 개발되어도 아이의 성장을 빠르고 간편하게 만들 수는 없다. 또한 부모가 늘 최선의 선택과 판단을 하는 것은 아니지만, 아이들이 텔레비전과 영상물, 책을 접하는 데는 주양육자의 조력이 반드시 필요한 것으로 여겨져왔다.[59]

그런데 모바일 세계에 오면 사정은 급격히 달라진다. 어른들이 아이의 세계에 관여할 수 있는 여지는 현저하게 좁아진다. 텔레비전은 가족이 모이는 거실에 있지만, 스마트폰은 각자의 관심사에 따라 각자의 방에서 얼마든지 이용할 수 있다. 아이는 채널 선택을 두고 부모와 실랑이를 벌일 필요 없이 스마트폰을 들고 들어가 좋아하는 것을 마음껏 할 수 있다. 책 읽기 역시 스마트폰처럼 개인적인 활동이지만, 언제 어디서든 익명의 누군가와 연결될 수 있는 사이버 공간처럼 개방된 공간 경험은 아니다. 모바일 세계는 기존의 어떤 매체보다 손쉽고 편리한 사용을 도모하지만 뜻하지 않은 연결 관계로 인한 위험과 고통을 초래할 수도 있다.

아이들의 모바일 사용을 걱정하는 정도에 비하면, 막상 집이 연결을 향해 활짝 열려 있다는 사실, 특히 아이가 가장 많은 시간을 보내는 집과 각자의 방이 언제나 접속 가능한 상태에 있다는 사실에 무감한 부모가 많다. 사용 비용 제로에 가까운 와이파이는 '쉬운 사용'이라는 디지털 문화를 재촉하는 일등 공신이다. 한국 사회에서 와이파이의 비용 장벽은 거의 없다.

길이나 도로와 마찬가지로 통신망은 사회적 공공재의 의미를 갖는다. 그래서 사람들이 이용하고 모이는 공공장소는, 물리적 공간의 보행로가 존재하듯 와이파이가 매개하는 사이버통로들로 무한히 연결된다. 실제로 각 지자체가 내세우는 디지털 도시는 공공 와이파이존의 확장과 밀접히 관련되어 있다. 사람들은 별다른 비용 없이 편하고 손쉽게 사이버 통로를 걷고 디지털 세계로 접속할 수 있다.

공공장소뿐만 아니다. 가정에서도 와이파이는 거의 공짜로 사용한다. 각 이동통신사는 인터넷과 휴대전화, 유선전화, IP TV 등을 자사의 통합 요금제로 묶으면 비용 없이 사용할 수 있다고 말한다. 실제로 가족구성원 모두 같은 이동통신사의 스마트폰 서비스를 사용하면 인터넷이나 유선전화는 무료로 사용할 수 있다. 인터넷만 된다면, 공유기 대여료만 제외하면 와이파이 이용 역시 공짜다. 스마트폰 플러스 무한 공짜 패키지를 제공하는 듯 보인다.

하지만 공짜 와이파이는 판타지에 지나지 않는다. 쉬운 디지털 사용이 초래하는 보이지 않는 지출은 실제로는 그 끝을 헤아리기 어렵다. 무료 와이파이를 매개로 사람들은 언제 어디서든 늘 연결된다. 일상적인 대기 상태에 빠지는 것은 단순히 유약한 인간 심리 때문이 아니다. 언제 어디서든 접속할 수 있고 연결해야 하는 와이파이는 현대인에겐 디지털 올가미나 다름없다. 또한 무료 와이파이는 각 가정에서 사용하는 다종다양한 디지털 매체의 막대한 이용요금을 가리는 조삼모사의 역할을 한다. 하지만 각 가정마다 수십만 원이 넘는 통신요금은 물론, 아이와 부모 사이에 벌어지는 각종 갈등의 비용까지 감안하면 결코 공짜라고 보기 어렵다.

뒤늦게 집 와이파이에 비밀번호를 걸어두기도 하지만 날이 갈수록 디지털 능력자가 되어가는 아이 앞엔 한낱 무용지물에 불과하다. 마음껏 쓰는 부모와 달리 차별적인 통제를 당한다는 불만을 키우는 이유가 될 수도 있다. 이쯤 되면 아마도 너무 쉽게 와이파이를 받아들인 자신을 원망하고 당장 집에서부터 와이파이부터 없애야겠다는 강경한 생각이 들지 모르겠다.

보편적인 해법은 없다

▶▶　　　우리 집의 텔레비전 채널은 공영방송 몇 개뿐이다. 와이파이도 안 된다. 대부분의 가정에서 시청하는 케이블 방송을 볼 수 없다는 것이 실제로는 그다지 불편하지 않다. 케이블 채널로 방영되는 인기 드라마나 오락 프로그램은 인터넷으로 다시보기로 시청할 수 있기 때문이다. 하지만 와이파이는 경우가 좀 다르다. 식구마다 각자 사용하는 요금제별로 정해진 데이터를 다 쓰고 나면 더 이상 집 안에서 모바일 인터넷을 사용할 수 없다. 매월 초부터 신나게 스마트폰을 쓰던 아이도 모바일 데이터를 다 쓴 후에는 내려놓는 수밖엔 어쩔 도리가 없다. 이 얘기를 하면 부모들은 한목소리로 좋은 방법이라며 당장 집에서 사용하는 와이파이를 끊어야겠다고 말한다.

　하지만 결론부터 말하자면, 지금 쓰고 있는 와이파이를 없애는 것은 좋은 방법이 아니다. 아이의 스마트폰을 뺏거나 온 가족이 잘 사용하는 와이파이를 갑자기 없애버리는 조치는 결코 바람직하지 않다. 이미 존재해 온 아이와의 갈등을 더 키울 여지가 다분하다. 여러 번 강조했듯이 디지털 환경이 부모와 아이의 갈등을 키우는 촉매 역할을 할 수는 있지만 근본 원인은 아니다. 내 경우만 하더라도, 집에 와이파이가 없어도 아이와의 갈등은 길든 짧든 어쨌든 피할 수 없었다. 언제 어디서든, 어떤 이유로든 갈등은 일상적이고 보편적이다. 가족 구성원 간의 갈등 역시 마찬가지다. 다른 집과 마찬가지로 우리 집도 늘 갈등은 있었고 지금도 있다. 문제는 서로 간의 갈등 유무가 아니라, 이 갈등을 어떻게 바라보고 받아들이고 다가서느냐에 달려 있다.

우리 집의 엄격한 미디어 사용 방침은 스마트폰과 인터넷, 컴퓨터를 쓰지 않도록 만들겠다거나 미디어 사용을 줄이겠다는 목적을 가진 것은 아니었다. 뚜렷한 방향이나 전체적인 계획이 있었던 것도 아니었다. 물론 아이가 볼 만한 책을 고르고 영상물을 고르듯, 아이에게 적절한 가정 내 디지털 환경이 무엇이고, 아이 자신의 필요에 따라 적절하게 사용할 수 있는 습관과 능력을 갖게 하려면 부모로서 어떤 선택을 해야 할 것인가에 대한 고민이 없지는 않았다.

하지만 가장 중요하게 고려한 점은 우리 부부가 모두 직장에 나가 있을 때 학교에서 돌아온 아이가 혼자 있는 시간을 어떻게 하면 안전하게 보낼 수 있을까라는 것이었다. 유치원이나 어린이집과 달리, 하교 후 부모가 귀가하기까지 아이 홀로 보내야 하는 시간을 계획하는 건 한국사회의 어느 부모든 함께 겪는 고민스러운 지점이다. 방과후 학교나 예체능 학원으로 시간을 채워보기도 하지만, 아이의 생활 동선이 안전한지에 대한 불안은 늘 존재한다. 당시에는 흔치 않던 휴대전화를 초등학교 1학년 고사리 손에 쥐어 준 것도, 아이가 필요하다면 언제라도 부모든 누구에게든 도움을 청하도록 하기 위해서였다.

미디어 환경과 관련한 실질적인 고민은 아이가 초등학교 고학년에 접어들어 컴퓨터와 인터넷 사용에 대한 관심이 부쩍 늘면서부터 시작되었다. 인터넷은 매일 사용하는 것이 아니라 평일에는 격일로 1시간씩, 주말에는 두세 시간 정도로 좀 더 많이 쓸 수 있게 했다. 이 약속은 초등학교 저학년까지는 큰 갈등 없이 약간의 주의만으로도 충분히 지켜졌다. 하지만 날이 갈수록 아이는 좀 더 많이 쓰고 싶어 했고, 학교 숙제를 하지 않아 못 쓰는 날에는 잔뜩 골이 나기도 했다. 아이의 요구가 적절하면 인터넷 사용 시간을 늘려주기도 했지만 아이는 늘 "조금만 더~"를 외치곤 했다.

초등학교 고학년이 되면서는 반 친구들이 스마트폰을 가지고 있다며 시시때때로 스마트폰으로의 기종변경을 요구했다. 스마트폰이 필요한 이유서를 작성해서 내밀기도 했다. 초등학교 졸업 즈음, 약정기간이 다한 3G폰을 결국 스마트폰으로 바꿔주었다. 몇 달 후 나 역시 5년간 써온 휴대전화가 고장 나면서 스마트폰으로 변경했다. 식구 모두가 스마트폰을 쓰게 되었지만, 집 안에 와이파이 공유기는 설치하지 않았다. 사용의 편리보다는 불편을 함께 감수하는 편이 아직까지는 필요하고 또한 가능하다고 생각했기 때문이었다.

텔레비전과 인터넷, 휴대전화, 와이파이에 대한 우리 집의 미디어 사용 방식이 적절한 것이었는지에 대한 확신은 그다지 크진 않다. 단, 원칙은 간단하지만 분명히 했다. 하루 중 부모의 부재시간이 긴 집에서 사람과 사물에 호기심 많은 아이가 지내기에 어떤 미디어 환경이 안전하고 적합할지 고민했고 선택했을 뿐이다. 아이의 입장에서는 이 엄격한 미디어 사용방식이 좋을 리 없었을 것이다. 하지만 우리의 미디어 사용 원칙은 오랫동안 가정에서 서로의 약속으로 지속되었고 부모와 함께 아이 역시 하나의 습관으로 받아들이고 있다. 말하자면 가족 모두 '불편하지만 지낼 만한 미디어 상황'에 익숙해져 있다고 할 수 있다.

그렇다고 우리 가족이 다른 가족에 비해 미디어를 덜 쓰거나 스마트폰을 덜 사용한다고는 생각하지 않는다. 오히려 많이 쓰는 편에 속한다. 몸을 움직여야 하는 불편과 실시간 시청, 접속 불가의 고충을 서로 감수하는 것을 제외하면, 다른 가족에 비해 특별날 미디어 사용은 없다. 나와 남편에게 아침부터 저녁까지 컴퓨터와 인터넷, 스마트폰 없이 지내는 시간은 거의 없다. 아이 역시 마찬가지다. 비록 수업 중에는 꺼놓아야 하지만 학교에 갈 때도 스마트폰은 잊지 않고 소중히 모셔간다. 열흘 만에 데이터를 다 소진하고 나면 컴퓨터로 웹툰을 보고, 빅뱅의 유튜브 영상은 인터넷과 연결된 텔레비전 대형화면으로 시원하게 감상한다. 케이블 방송의 인기 프로그램을 보지 못해 아쉬운 경우도 있지만, 사교적 대화에 못 끼는 정도는 아니다. 인터넷 포털만 한번 훑어도 웬만한 대중문화의 흐름에서 그렇게 뒤처지지는 않기 때문이다. 각자의 방에서 뉴스를 읽고 쇼핑을 하고 웹툰을 보는 것을 상대적으로 덜 하는 대신, 컴퓨터의 전원을 켜고 봐야 하는 다소 불편한 시간이 좀 더 늘었을 뿐이다.

그렇다고 가족 간 대화가 특별히 늘어나거나 줄지도 않았다. 예전에는 전화나 문자 메시지로 했을 간단한 얘기는 카톡으로 대체된 지

오래다. 상대방의 상황을 모르는 상태에서 카톡은 전화나 문자 메시지보다 편리하다. 가족 카톡의 내용은 몇 시에 집에 오느냐, 저녁에 뭘 먹을까, 퇴근길에 뭘 좀 사다주라는 등 대체로 시시껄렁한 이야기가 주를 이룬다. 거실에 혹은 각자 방에 있다가도 가끔 '뭐 하냐'는 카톡을 주고받는다. 특별한 볼일이 있는 게 아니므로 그냥 유쾌하게 응답하면 그뿐이다. 혹자는 스마트폰이 가족의 대화를 뺏어간다고 하지만 이 역시 오해에 가깝다. 가족 간의 대화가 현저히 줄어드는 건 서로 기대가 어긋나고 그것이 서로에게 불만으로 쌓여서다. 가뜩이나 불만스러운 부모는 아이 손에 들린 스마트폰을 마치 눈엣가시처럼 여기지만, 해결의 실마리는 스마트폰의 제거가 아니라 아이가 스마트폰만 들여다보게 된 그 이유가 무엇인지를 이해하는 데 있다.

각 집마다 벌어지는 디지털 갈등에는 정해진 해답이 없다. 미디어 다이어트를 선언한 한 가족은 거실 한가운데를 차지한 텔레비전이 가족 구성원의 대화에 방해가 된다고 생각해 방 한쪽으로 치워버렸다. 처음 한동안은 생각한 대로 각자 책도 보고 모여 앉아 이야기도 나누는 등의 변화가 있었지만 얼마 안 가 텔레비전은 다시 제자리를 찾았다. 어느 순간 모두 각자의 방으로 들어가는 바람에 함께 텔레비전을 보며 대화할 수 있었던 시간마저 사라져버렸기 때문이다.

뜻과 취지에 무조건 따르는 것이 아니라, 서로가 어쩌면 아이보다 부모 자신이 감당할 수 있는 적절한 수준인지를 먼저 고려할 필요가 있다.

디지털 디톡스라는 이름으로 스마트폰을 빼앗고 와이파이를 없애버리면 아마도 더 걷잡을 수 없는 관계의 단절과 갈등을 맛볼지도 모른다.

스마트폰 탓으로 돌리기 전에

▶▶   교직에 있는 지인이 초등학교 4학년이 된 아이에게 스마트폰을 사주었다며 앞으로 어떻게 하는 게 좋겠는지 상담을 청해왔다. 본인이 아이들을 가르치는 교사임에도 내 아이의 디지털 사용에 대해서는 어떤 선택과 결정을 내리는 것이 좋을지 확신이 서지 않는다는 고민이었다. 평소에 책읽기도 좋아하고, 텔레비전도 몇 개만 골라보는 정도이고, 자기 할 일도 잘 해내는 아이라 '잘 사용하겠다'는 약속을 받고 사주었지만 일주일도 채 되지 않아 잘한 일인지 고민스럽다고 했다. 스마트폰을 애지중지하는 것은 물론, 약속한 사용시간을 넘겨도 스스로 내려놓지 못하는 뜻밖의 모습에 아이의 자제력을 걱정하기도 했다. 스마트폰의 마술 때문에 갑자기 아이의 자기통제력이 혼미하게 된 것일까.

맞벌이 가정의 아이는 친구들에 비해 휴대전화를 빨리 갖게 될 가능성이 높다. 나 역시 아이가 초등학교에 입학하자마자 아이 손바닥보다 작은 휴대전화를 사줬다. 사회의 보육기능이 약한 한국 사회에서 맞벌이 부부가 취할 수 있는 최소한의 안전장치라고 여겼기 때문이다. 하지만 예상했던 휴대전화를 통한 '안전' 기능은 거의 작동하지 않았다. 당시에 반 아이들 가운데 유일하게 휴대전화를 가졌다는 자부심 외에 아이에게 휴대전화는 그냥 거추장스러운 물건일 뿐이었다. 학교에서 꺼놓은 전원은 집에 돌아올 때까지 그 상태 그대로였고 설령 켜져 있어도 친구들과 노느라 전화를 받지 못하는 일은 부지기수였다.

그러다 친구들의 디지털 속도에 발맞춰 스마트폰의 세계에 입성한 후 아이는 달라졌다. 부모의 호출에는 느긋하고 무응답인 것은 여전했지만, 스마트폰의 전원은 꺼지는 법이 없었다. 스마트폰에 끌려다니는 것 같다고 아이에게 주의도 여러 번 주고 사용계획도 함께 만들어 봐도 별다른 변화는 없었다. 그러면서 "왜 스스로 통제하지 못하느냐"라는 잔소리를 한동안 거듭했다. 돌이켜보면, 아이 스스로 선택하고 판단하기를 바랐다기보다 스마트폰을 쓰지 말라는 메시지를 '자기 통제력'이라는 이름으로 계속 주문했던 것 같다. 스스로 통제하지 못한다는 말은 조언이기보다는 아이를 꾸짖고 나무라는 비난에 가까웠고, 그럴수록 아이는 대화하기를 당연히 꺼려했다. 그토록 다정했던 아이가 이상하게 변한 것 같아 중2병이니 하는 사춘기의 신화에 기대어 나 자신을 정당화하려는 마음이 들기도 했다.

하지만 스마트폰을 내려놓지 못하는 건 아이의 잘못이 아니다. 굳이 따져보자면 이다지도 사용성이 높은 기기와 서비스를 자꾸 만들어내는 그 누군가에게 있거나, 각종 홍보 마케팅으로 스마트폰을 소비자 품에 안기는 기업에 있을 것이다. 스마트폰은 개인의 자기 통제력에만 맡겨놓기에는 너무나 고약한 매력을 가지고 있다. 책과 텔레비전과 달리 스마트폰은 휴대성과 사용성이 지나칠 정도로 뛰어나다. 텔레비전이나 책과 달리, 언제 어느 곳에서나 쉽게 사용할 수 있는 매체다. 텔레비전은 방이든 거실이든 어느 한 곳에 고정되어 있지만, 스마트폰은 방수팩만 있으면 최후의 사적 공간인 욕실에서도 사용할 수 있다. 책은 곁에 있어도 전등을 끄면 읽을 수 없지만, 스마트폰은 지척에 있기만 하면 언제든 사용 가능하다. 디지털 패드처럼 무겁지도 않아서 한 손으로 들거나 편리한 위치에 놓고 볼 수 있다.

이처럼 휴대성이 뛰어나고 매혹적인 스마트폰을 만들어놓고, 아이 스스로 통제해야 한다는 말은 고양이에게 맛있는 생선을 맡겨놓고 먹어버렸다며 야단치는 격이다. 아이는 물론이고 어른도 이 고약한 매력 앞에 대부분 무릎을 꿇는다. 제대로 잘 사용하겠다는 두루뭉술한 약속만 믿고 스마트폰을 안기고는 스스로 절제하며 쓰지 않는다며 나무라는 것은 아이 입장에서는 억울하다. 너무 재밌어서 곁에서 떠나보낼 수 없는 걸 어떡하란 말인가. 물론 쉽지 않겠지만, 스마트폰을 사랑하는 아이의 고충을 먼저 이해할 필요가 있다.

나아가 좀 더 생각해보면 아이들이 빠져드는 건 스마트폰 때문이 아닐 수 있다. 내 경우에도 아이와 스마트폰을 두고 실랑이를 벌이던 시기를 떠올려보면, 당시에는 스마트폰에 빠져든 아이가 문제라고 생각했다. 하지만 10대의 한가운데를 향할 즈음, 아이는 그 어느 때보다 빠른 속도로 성장하고 변화하고 있었으며 그에 따라 주변 모든 존재와의 관계 재구성이 필요한 시기였다. 아이는 자기가 누구인지, 그리고 주변 사람들과 어떻게 지내고 무엇을 할 것인지에 대한 질문과 고민에 전력을 쏟아 붓는 상황에 놓여 있었다. 스마트폰은 아이가 세상을 보는 하나의 창이자 관계를 만들어가는 또 하나의 통로였다. 그리고 답답하고 방향 없는 시간을 보낼 수 있는 마음 편한 공간이기도 했다.

대부분의 친구들이 휴대전화를 갖고 있지 않았을 때 아이가 가진 휴대전화는 무의미했다. 단지 부모의 호출과 확인을 위한 관리 도구에 지나지 않았기 때문이다. 휴대전화가 아이에게 스마트한 분신이 된 것은 친구들과의 연결이 일상화되고 자기 관심사를 찾고 즐기고 누군가와 공유할 수 있는 공간으로 느껴졌기 때문이다. 말하자면 스마트폰 자체가 아니라 스마트폰을 매개로 이뤄진 또 다른 세상의 경험과 새로운 관계 맺기가 아이를 매혹했던 것이다. 아이들은 스마트폰이 선사하는 매혹을 거부하는 대신 호기심 어린 발걸음을 성큼 내딛곤 한다. 이런 아이에게 스마트폰을 무작정 내놓으라고 으르는 건 새로운 세상과 관계 맺기를 위한 실천을 시도조차 하지 말고 포기하라는 말이나 마찬가지다. 자기 통제력이 부족하다며 스마트폰 사용을 지적하기 전에, 지금 재밌게 하고 있는 게 뭔지 넌지시 관심을 표해보는 것이 필요하다.

잘 안 되더라도 괜찮다

▶️   아이가 스마트폰을 사용하기로 했다면, 제대로 잘 사용하겠다는 막연한 약속 대신 좀 더 구체적인 실행 방법을 아이와 함께 찾아야 한다. 물론 각 가정에서 활용할 수 있는 디지털 해법을 찾기란 쉽지 않다. 아이의 성장에 걸맞지 않게 지나치게 빠르게, 그리고 지나치게 미디어나 디지털을 사용하는 것은 좋지 않다는 정도까지는 말할 수 있다. 하지만 모든 가족에게 적용할 수 있는 보편적인 디지털 해법이나 특별한 비법은 없으며, 집마다 아이마다 다른 상황과 맥락에 따라 디지털 사용 방식을 유연하게 선택해야 한다.

아이들끼리 집에 있는 시간이 많을 경우, 아이들이 미디어와 디지털에 무방비로 노출되어서는 곤란하다. 아이 스스로 알아서 잘 쓰기에는 디지털 세계는 너무나 매혹적이고 예상하지 못한 침범과 자극이 넘치는 공간이다. 초등학교 저학년 아동이라면 텔레비전 시청 시간을 정하듯 인터넷이나 스마트폰 이용 시간을 정하고 이용 시간을 기록하는 이용 행동 습관을 체득하는 것도 필요하다.

그리고 아이의 성향과 특징에 따라 어떤 앱을 깔 것인지, 어떤 디지털 디바이스를 쓸 것인지 등의 디지털 사용 방식에 대한 고민도 필요하다. 관계지향성이 높은 아이라면 카톡 같은 실시간 메신저는 대화 상황에 지나치게 매달리게 만들 수 있으므로 스마트폰 계정으로 사용하기보다 카톡의 컴퓨터 계정을 이용하거나, 정보 수신을 위해 필요하다면 부모의 카톡을 대신 활용하는 것도 방법이 될 수 있다. 스마트폰을 내려놓기 힘들어하는 아이라면 집 안에서는 한 손에 들어오는 스마트폰 대신 휴대성이 상대적으로 떨어지는 태블 릿 PC 같은 디지털 패드를 사용해봄으로써 습관적인 사용을 줄여볼 수 있다.

이런 소위 절제하며 쓰도록 제한하는 조치들은 보육 기능이 필요 한 유·아동기의 아이에게는 유용한 효과를 거둘 수 있다. 하지만 적 절한 디지털 사용 습관은 보호나 관리를 위한 이용 차단이나 이용 제한 방법만으로는 부족하다. 여기에는 좀 더 적극적인 사용의 전략 과 문화가 필요하다. 실제로 디지털 기기와 서비스는 인터넷 강의나 학습용 도구로 쓰는 것 이상의 다양한 용도로 활용할 수 있다.

예를 들어 가족 여행을 계획하고 있다면, 여행 코스를 스마트폰으 로 검색해서 여행지 정보를 미리 알아보는 역할 분담을 하는 것도 방법이 될 수 있다. 스마트폰을 이용해 그림이나 웹툰을 그려볼 수 도 있고, 영상 제작에 관심이 있다면 각종 스마트폰 영화제에 출품 할 단편영화를 기획해서 만들어볼 수도 있다. 멀리 떨어져 지내는 가족이 있다면 밴드를 만들어 세대 간의 대화를 이어가고 가족 구성 원들의 안부와 일상을 공유할 수 있다. 초등학생이나 중학생에 비해 학업 목표가 분명한 고등학생이 되면 스마트폰 사용은 대체로 줄어 든다. 이 시기에는 사용 제한이 아니라 진로와 관련한 유용한 활용 방법을 고민하는 것이 더 필요하다.

물론 각 가정의 디지털 사용 방안을 만드는 데 이런저런 변수들을 고려하더라도 성공 가능성은 낮고 잘 안 될 가능성은 매우 높다. 설령 잘 안 된다고 하더라도 실망할 필요는 없다. 불확실성이 일상화된 디지털 세계에서 서로를 위한 디지털 사용 방식을 만들고 재설계를 거듭해보는 것은 그 자체로 의미 있는 경험이다.

이러한 시도를 끊임없이 지속하기 위해서는 부모가 앞장서 아이들을 이끌어가겠다는 의지 대신 디지털 아이들과 부모 사이의 상호 인정과 협력이 우선되어야 한다. 아이와 부모의 상호 협력을 위해서는 일상적인 소통이 막히지 않아야 한다. 또한 부모인 내가 디지털 세상에 관해서는 그다지 익숙하지 않고 잘 모른다는 것을 솔직히 말하고 도움을 요청하는 것도 합리적인 고백이 될 수 있다. 아이의 디지털 세상을 부모가 경험했던 세상의 기준으로 재단하여 말하는 대신, 디지털 아이들의 말을 향해 귀를 열고 들어야 한다.

디지털 세상에서
부모-하기

어쩔 수 없지만 그대로 따를 수는 없는

▶▶　　　아이의 유년기에서 아동기까지 우리 집의 미디어 사용 정책은 의도적인 불편과 절제를 기본 원칙으로 삼았다. 이는 무조건적인 사용 중지나 디지털 금욕주의와는 다르다. 여기에는 '어쩔 수 없지만 그대로 따를 수는 없는'이라는 '이중부정의 선택'이 포함되어 있다.

　디지털화는 현재의 명백한 추세이며 이를 거슬러 살기는 쉽지 않다. 농사를 짓고 물건을 만드는 생산에서부터 소비자가 상품으로 구매하고 소비하는 과정에 이르기까지, 그리고 휴식을 위한 여행을 준비하고 그 추억을 기록하는 개인적 과정에도 디지털은 빠지지 않는다. 아이도 어른도 이 디지털화되는 세계를 떠나서 살 수 없다. 디지털 사용은 누구라도 쉽게 쓸 수 있고, 또한 써야 하는 의무의 영역이 되고 있기 때문이다. 의무든 기회든 위험이든, 디지털 세계를 벗어나기는 어렵다.

또한 그렇기 때문에 있는 그대로 따르기보다 현재 상황을 고려한 지속적인 판단과 선택의 과정이 더욱 필요하다. 디지털 세상은 새로운 기회만큼이나 동시에 위험도 존재하기 때문이다. 널리 알려져 있듯 기술은 언제나 위험을 동반한다. 프랑스 정치학자 폴 비릴리오Paul Virilio는 새로운 기회만큼 끊이지 않는 사고가 공존하는 오늘날의 기술사회를 앞으로 어떻게 될지 가늠하거나 판단하기 어려운 미지수unknown quantity로 설명한다.[60] 그에 따르면 어디든 무엇이든 빠르게 이동하고 연결하는 디지털의 발명은 연결 위험의 발명이라고 할 수 있다. 기술과 위험은 마치 쌍둥이처럼 늘 함께한다. 기술은 언제나 위험을 발명하기에 위험을 배제하고 기회만 취한다는 것은 현실적으로 불가능하다.[61]

실제로 새로운 기술이 가져다준 기회를 선택하는 과정은 위험의 유무에 따르지 않는다. 사람들은 감당할 수 있는 건 감당하고 피할 수 있는 건 피하는 선택, 말하자면 위험 감수와 위험 배제의 전략을 구사한다.[62] 이 판단과 선택은 개인마다 집단마다 매우 다양하다. 눈에 보이지 않는 비용이 얼마나 소요될 것인지, 잠재적 위험 중 무엇이 정말 위험한 것이고 어떻게 위험한지, 그리고 이에 대처하기 위해 무엇을 해야 하는지에 대한 의견은 각 사회나 집단, 개인마다 다르다. 사람들은 자신이 치러야 할 비용이나 위험을 전부 알 수 없고 부분적으로 파악할 수밖에 없으며 모든 사회가 동의할 만한 위험에 대한 올바르고 단일한 접근법 역시 존재하지 않는다.

이렇게 사람마다 사회마다 기회에 따른 위험 인식이 다르다는 것은 위험이 주관적이고 심리적인 차원이라는 의미가 아니다. 오히려 특정 집단의 이해관계에 따라 언제나 주의를 끄는 위험이 있는가 하면 명백한 위험 가능성이 있음에도 의도적으로 방치되는 경우도 있다는 것이다. 예컨대 디지털 사용에 따른 인터넷 중독 위험이 지나칠 정도로 강조되는 위험이라면, 디지털 감청 같은 사생활 침해의 위험은 상대적으로 적게 알려져 있다. 또한 부모가 자녀의 스마트폰 중독을 심각하게 걱정하는 데는, 생활적 밀착이 강하기 때문이기도 하지만 디지털 중독에 편향된 위험의 강조와도 무관하지 않다.

복잡한 디지털 세계에서 살아가기 위해서는 어떤 기회와 위험이 공존하고 있는지, 즉 특정한 기회를 취하기 위해서는 어떤 기회비용을 치르고 있는지, 어떤 위험 부담이 있는지에 대한 폭넓은 이해가 필요하다. 또한 기회와 위험의 이해에서 나아가 어떤 위험은 배제하고 어떤 위험은 부담할 것인지에 대한 열린 소통을 지속적으로 이어가야 한다. 이러한 대화가 어떤 결론이나 특정한 대안에 도달하지 않는다 하더라도, 디지털 사용과 관련된 기회는 물론 기회비용과 위험 부담에 대한 민감성을 높인다는 것만으로도 투명하고 열린 대화는 의미가 있다. 불확실한 상황에 대한 대화의 기회와 소통 가능성이 차단되어 있을수록 위험에 대한 인식은 막연한 불안을 넘어 걷잡을 수 없는 공포로 확장되기 때문이다.

부모도, 자녀도 아이다

▶   디지털 시대의 부모 노릇이란 주어진 역할이나 방식대로 따라가는 '되기'만으로는 곤란하다. 불확실하고 복잡한 디지털 세계라는 암흑상자를 이해하고, 이를 바탕으로 아이는 물론 부모 자신이 처한 상황과 맥락을 고려해 구체적인 방법을 선택하고 실행해야 한다. 이런 '부모-하기'는 멋지고 좋은 이상이 아니라 실천 가능한 현실적인 선택을 통해 가능하다. 부모 자신조차 감당할 수 없는 무리한 선택은 가족 구성원 모두를 힘들게 할 뿐이다.

'부모-하기'의 출발점은 자신의 디지털 사용을 제대로 성찰하는데서 시작한다. 디지털 갈등을 해결할 보편적인 해법이 없다는 말은 아이만이 아니라 부모 자신이 스스로를 이해하고 변화의 지점을 찾아야 한다는 의미다. 또한 부모 스스로 성찰력을 기르고 자녀와 소통하는 방법을 고민해야 한다는 것이다. 부모는 아이들의 디지털 사용을 예의 주시한다. 하지만 지금부터라도 스스로의 디지털 사용 행태를 돌이켜보자. 아이보다 부모가 매시 매분 스마트폰에서 눈을 떼지 못하고 있는지도 모른다. 아이가 스마트폰을 보고 웃고 있으면 괜히 화가 나면서도 스마트폰이 주는 재미에 푹 빠져 있는 건 오히려 부모 자신인 경우가 많다. 바담풍은 바담풍으로 이어질 뿐이다.

아이들의 디지털 사용을 막연한 불안과 중독이라는 낙인으로 대하기에 앞서 부모 자신의 디지털 사용을 되짚어보고 아이의 입장을 이해해보자. 가족 구성원으로서 부모와 아이의 대화적 관계가 유지될 때 '부모-하기'는 제대로 실행될 수 있다. 부모가 휴대전화를 스마트하게 사용한다면 아이도 이를 보고 배울 가능성은 높아진다. 그렇다고 아이가 사용하는 혹은 사용할 디지털 기기와 서비스의 구체적인 이용 팁을 모두 일일이 배워 가르치라는 얘기는 아니다. 기술적인 이해와 활용은 아이들이 더 빠를 수 있다.

부모와 아이가 서로 대화하고 공유해야 할 디지털 문제는 기술적이라기보다는 오히려 사회적인 차원이다. 예컨대 온라인도 오프라인과 마찬가지로 사회적인 공간이며 이에 따른 적절한 행동 방식과 규칙이 존재한다. 온라인이 오프라인보다 익명성의 여지가 상대적으로 큰 것은 사실이지만, 그렇다고 해도 사회 규범이나 관습, 문화적 규칙으로부터 자유로울 수는 없다. 공공장소에서 익명의 타인을 고려하고 배려하듯 사이버 공간에서도 그러해야 한다. 아무 생각 없이 썼던 글이 후일 자신의 발목을 잡는 부메랑으로 돌아올 수도 있다. 소수의 몇몇 사람들이 썼던 통신 초기에 비하면 현재의 디지털 환경은 대부분의 사람들이 공존하는 사회적인 공간, 즉 소셜 네트워크다. 일상화된 소셜 네트워크에서 자신의 안전과 존엄을 지키기 위한 적합한 디지털 사용은 어떠해야 하는지 어른 아이 없이 서로 대화하고 공유할 필요가 있다.

부모 자신의 디지털 사용을 성찰하고 디지털 세계를 얼마간 이해

한다 하더라도 끊임없는 선택이 필요한 '하기'의 과정은 여전히 수월하지 않을 것이다. 예컨대 '부모-하기'에서 가장 고민스러운 지점은 디지털 사용이 유발할 수 있는 기회와 위험 사이에서 어떤 판단과 선택을 할 것인가에 있다. 위험을 최소한으로 줄이고 기회를 최대화하려는 바람은 누구나 갖게 마련이지만 쉽게 뜻대로 되지는 않는다.

특히 기회와 위험을 바라보는 부모와 아이의 시선은 달라도 너무 다르다. 양육자이자 보호자로서 부모는 아이를 둘러싼 위험을 최소화하는 데 대체로 많은 관심을 갖고 있다. 유·아동기에는 디지털 사용의 제한과 관리를 통해 위험을 어느 정도 줄여볼 수 있겠지만, 아이의 성장에 따라 이 역시 오래가지 않으며 충분한 해법도 아니다. 또한, 아이들은 디지털 사용이 가져다줄 만약의 위험 때문에 눈앞의 기회를 포기하지 않는다. 그럴수록 부모는 아이의 스마트폰 사용이 불편하고 걱정스럽다.

그런데 부정적이고 병리적인 측면에 대해서는 외우다시피 하면서도 디지털 사용이 주는 유용성이나 긍정적인 활용 면에서는 다양하게 말해주지 못한다면 부모 자신이 이미 편향돼 있는 것이다. 물론 혹시나 있을 위험 가능성은 여러 모로 고려해야 한다. 동시에 아이가 스마트폰을 잘못 사용하는 것이 아니라 다른 방식과 문화적 의미로 쓰고 있음을 놓치고 있는 건 아닌지도 함께 생각해봐야 한다.

부모-하기를 위해 부모 자신을 먼저 돌아보고 아이의 말에 귀를 기울이는 것은 미시적 관계 회복만을 위한 것이 아니다. 이는 디지털 세계라는 불확실성과 복잡성이 커지고 있는 구조화된 조건과 관련 있다. 그 누구도 세계를 총체적으로 이해하거나 무결점의 완벽한 선택을 할 수는 없다. 완전한 이해도 완벽한 선택도 불가능한 디지털 세계에서 부모-하기란 부모의 주도적이고 뛰어난 활약에 있지 않다. 오히려 디지털 세계를 대면하는 각자의 장점과 단점이 제각각인 부모와 아이의 '성숙한 상호의존'이 필요하다.

복잡하고 불확실성이 높은 현대 사회에서 사람들은 모두 아이일 따름이다.[63] 누구도 다 알지 못하고 완벽하게 문제를 해결할 수 없다. 그래서 상호의존은 더욱 필수적이다. 이는 유아적 의존과는 다른 의미로, 성숙한 상호의존은 인간의 불완전함, 즉 누구도 완전한 존재가 아니라는 것을 인정함으로써 이뤄지는 실천이다. 또한 불완전한 존재로서 인간은 무엇인가를 필요로 하며, 이런 의미에서 모든 사람은 아이라는 것 역시 허용될 수 있다는 것이다. 성숙한 상호의존은 불완전한 '아이'로서 서로의 관심과 요구를 안아주는 데서 시작된다. 디지털 세계에서는 더더욱 그렇다. 부모도 자녀도 모두 불완전한 아이인 것이다. 디지털 세상에서 부모와 아이는 서로의 관심과 경험, 가치를 존중하는 '성숙한 상호의존'이 필요하다.

성숙한 상호의존 환경의 부재: 모든 짐은 개인에게

▸ 디지털 세계를 살아가기 위한 성숙한 상호의존을 촉진하는

사회적·제도적 환경은 미비하기만 하다. 한국의 디지털 정책은 균형 있는 디지털 일상과 문화를 위한 제도와 정책보다는 지나치게 규제와 관리 중심의 이용 제한 정책에 치우쳐 있다. 아이들의 디지털 사용은 온통 인터넷 중독이거나 스마트폰 중독으로 규정되고 있다. 최근에는 규제적이고 통제적인 중독이라는 용어 대신 '의존'이나 '쉼'이라는 완곡한 표현으로 바뀌고 있지만 내용상으로는 대동소이하다. 이제는 아이들의 중독뿐 아니라 부모들의 중독도 심각한 것으로 언급된다. 아이나 어른이나 모두 중독의 덫에 걸리고 사회 전체가 불행의 늪에 빠지고 있는 것 마냥 그려지고 있다.

하지만 사용 시간이 많다고 인터넷 중독은 아니다. 스마트폰 중독은 약물처럼 직접적인 유해성이 인과적으로 명백한 것도 아니다. 독극물을 먹으면 그로 인해 죽을 수 있지만, 스마트폰 중독이 초래한 문제라고 불리는 상황은 이미 다른 문제적 요인들과 복잡하게 얽혀 있다. 무엇보다 중독의 논리는 국가기구의 규제적 개입과 관리를 정당화한다. 더불어 디지털을 지나치게 사용하는 아이를 방치하고 제대로 관리하지 못한 부모의 죄책감 역시 조장한다. 아이들의 디지털 사용을 중독의 시선으로 바라볼 때, 부모도 사회도 결코 행복할 수 없다.

컴퓨터와 인터넷, 스마트폰의 일상 풍경은 중독이 아니라 사용이고 문화이다. 그래서 사용자 자신이 어떻게 제대로 사용할 것인지에 대한 미시적 질문에서부터, 균형 있는 디지털 사용을 위한 사회 문화적 환경에 대한 질문 역시 두루 중요하다. 아이들의 스마트폰 사용이 편향된 데는 미디어 자체의 매혹도 크지만, 아이들의 생활 자체가 공부를 중심으로 지나치게 단조롭다는 데 있다. 무턱대고 중독이라 부르고 스마트폰을 뺏어서는 안 되는 이유다. 아이의 약한 자기 통제력이나 부모의 관리 결핍으로 접근해서도 해결 방법은 요원하다. 적절하고 균형 있는 디지털 사용을 위한 개인의 인식 개선이나 교육은 도움은 될 수 있지만 디지털 관련 문제를 근본적으로 해결하기는 어렵다.

디지털 이전에 존재했던 기회의 격차나 불평등 같은 문제는 디지털 이후에도 여전하거나 더 심각해지고 있다. 물론 몇몇 개인은 디지털 사용의 변화를 통해 삶 자체가 바뀌는 성공의 기회를 누릴 수 있을 것이다. 하지만 삶 전반의 불균형을 개선하고 해소하려는 노력 없이 문제 상황을 개인의 잘못된 디지털 이용 탓으로 돌리고 개별 이용자의 디지털 인식 개선으로 해결하려는 건 무책임하고 공허하다. 성숙한 상호의존을 위한 사회 문화적 환경을 마련하기 위해, 디지털은 어떻게 연관될 수 있을지에 대한 사회적 소통과 중·장기적인 개선 노력이 필요하다. 그렇다고 제대로 된 세상이 만들어질 때까지 손을 놓을 수 없다. 부모가 세상을 책임져야 한다는 대단한 얘기 대신, 어려운 건 어려운 거라는 공감에서 출발해 할 수 있는 데까지 한 번 해보자는 소소한 제안으로 글을 맺는다.

스마트폰이 아이를 악당으로 만든다지만
아이를 악당으로 여기는 부모의 시선이 아이를 진짜 악당으로 만든다.
아무리 주의를 주어도 스마트폰을 놓지 못한다면
아이를 주시하고 나무라는 대신
아이의 가장 가까운 타자인 부모 자신을
가만히 돌아보는 것부터 시작해보자.

어제는 통했던 방식이 오늘 통하지 않더라도 좌절하거나 분노하지 말고
관계 맺기의 변화가 필요한 시기가 오고 있다는 사실을
있는 그대로 받아들일 일이다.
아이와의 관계의 재구성을 위해 부모 자신이
변해야 할 것은 무엇인지 생각할 때다.

1장

1| 김환표. 2012. "저속드라마는 미성년자 시청 금지". 《드라마, 한국을 말하다》. 인물과 사상사

2| 이영미 외. 2013. 《한국의 텔레비전 드라마》. 컬처룩

3| 동아일보. 1962년 6월 2일자 기사. "매스콤과 청소년"

4| 이강수 외. 1968. "텔레비전과 아동". 언론정보연구 제4집, pp. 31-68

5| 윌버 슈람, 스티븐 H., 에버렛 M. 로저스. 2014. 《언론학의 기원》. 컬처룩

6| 기 드보르. 1996. 《스펙타클의 사회》. 현실문화연구

7| 에른스트 푀펠·베아트리체 바그너. 2014. 《노력중독》. 율리시즈

8| 최삼욱. 2014. 《행위중독: 인간의 행동이 중독의 대상이 되다》. NUN

9| 윤명희. 2015. "인터넷 사용자 유형". 《인터넷 중독의 특성과 쟁점》. 디지털중독연구회 공저. 시그마프레스.

10| 김지연. 2014. "인터넷게임 중독 논쟁의 기술사회적 함의". 《한국게임학회 논문지》 14(1), pp. 81-92

11| 이창호(2014). 《인터넷게임 중독의 원인과 해결방안에 관한 청소년들의 인식》. 한국청소년정책연구원.

12| 시티즌랩 연구진, 한국의 청소년 유해정보 차단 앱에서 중요한 보안 및 프라이버시 문제점 발견(2015. 9. 20) https://citizenlab.org/2015/09/시티즌랩-연구진-한국의-청소년-유해정

2장 ────────

13│ 윤명희. 2011. "PC방의 네트워크 일상풍경".《문화와 사회》10, pp. 67-95

14│ 존 어리. 2014.《모빌리티》. 아카넷

15│ 정지훈. 2014.《거의 모든 인터넷의 역사》. 메디치

16│ 윤명희. 2012. "사이버상호작용의 사회문화적 구성과 대안적 기획".
《사이버커뮤니케이션학보》29(3), pp. 83-119

17│ 찰리 기어. 2006.《디지털문화》. 루비박스

18│ 리처드 세넷. 2010.《장인: 현대문명이 잃어버린 생각하는 손》. 21세기북스

19│ 데이비드 에저턴. 2015.《낡고 오래된 것들의 세계사》. 휴먼 사이언스

20│ 라이트 밀즈. 1978.《사회학적 상상력》. 홍성사

21│ 이항우. 2016. "'이윤의 지대되기'와 정동 엔클로저: 구글과 페이스북의 독점
지대 수취 경제".《한국사회학》제50집 제1호, pp. 189-219

22│ 게오르그 크네어, 아르민 낫세이. 2008.《니클라스 루만으로의 초대》. 갈무리

3장 ────────

23│ Prensky, Marc. 2001. "Digital Natives, digital Immigrants." *On the Horizon, volume 9, no. 5,* pp. 1-6

24│ 배상률. 2014.《디지털 시대의 청소년 미디어 교육 제도화 방안 연구》. 한국
청소년정책연구원

25│〈근로기준법〉상 근로 최저 연령은 15세이며, 만 18세 미만 연소근로청소년
은 관계 법령에 의해 특별 보호를 받도록 규정하고 있다.

4장

26| 발터 벤야민. 2005.《아케이드 프로젝트》. 새물결

27| 윤명희. 2009. "디지털공간의 스펙터클과 산책자".《담론201》12(2), pp. 107-135

28| McLuhan, M. 1962. *the Gutenberg galaxy: the making of typographic man*, Univ. of Toronto Press

29| 윤명희. 2008. "청소년 미니홈피·블로그의 사회관계 및 일상문화".《청소년학연구》15(2), pp. 169-208

30| 셰리 터클. 2012.《외로워지는 사람들: 테크놀로지가 인간관계를 조정한다》. 청림출판

31| 아사 아서 버거. 2015.《대중문화비평, 한 권으로 끝내기》. 커뮤니케이션북스

32| 에릭 에릭슨. 2014.《유년기와 사회》. 연암서가

33| 리처드 세넷. 2013.《투게더: 다른 사람들과 함께 살아가기》. 현암사

34| 셰리 터클. 2012.《외로워지는 사람들: 테크놀로지가 인간관계를 조정한다》. 청림출판

35| 김성윤. 2014.《18 세상》. 북인더갭

36| 손진희·이영수·최윤진. 2013. "청소년의 욕설사용에 대한 질적 연구".《청소년문화포럼》33, pp. 145-172

37| 서울대 소비트렌드분석센터. 2014.《트렌드코리아 2015》. 미래의 창

38| 노명우 외. 2012. "사이버공간 상호작용을 통한 '자랑'의 의미 형성: 디시 인사이드의 자랑거리 갤러리에 대한 사례 연구".《사이버커뮤니케이션학보》29(3), pp. 5-48

39| 빅터 터너. 2005.《의례의 과정》. 한국심리치료연구소

40| 박성훈. 2014. "SNS를 이용한 청소년 사이버 불링의 실태 및 대응방안의 모색".《형사정책연구소식》130권, pp. 2-7

41| 마이클 톰슨. 2012.《어른들은 잘 모르는 아이들의 숨겨진 삶》. 양철북

42| 제임스 프렐러. 2012.《방관자: 방관자인가 다음 희생양인가》. 미래인

43| 데이비드 리즈먼. 1994.《고독한 군중》. 홍신문화사

44| 캐스 R. 선스타인. 2011.《우리는 왜 극단에 끌리는가》. 프리뷰

45| 한나 아렌트. 2006.《예루살렘의 아이히만》. 한길사

46| 베리 손. 2014.《젠더플레이》. 양서원

47| Bromberg, Philip M. 1994. "Speak! that I may see you": some reflections on dissociation, reality, and psychoanalytic listening. *Psychoanalytic Dialogues: The International Journal of Relational Perspectives, Volume 4, Issue 4*, pp. 517-547

48| 부고 전문: Marvin Lee Minsky, 88, passed away January 24, 2016 in Boston, Massachusetts of cerebral hemorrhaging. Born August 9, 1927 in New York City, New York, to parents Fannie Reiser and Henry Minsky, Marvin Minsky was known for his pioneer contribution to the field of artificial intelligence (AI). After graduating from Phillips Academy, Minsky attended Harvard University, graduating with a BA in Mathematics in 1950. He continued his education at Princeton University, ultimately graduating with a PhD in Mathematics in 1954. Some of Minsky's greatest accomplishments include founding the MIT Computer Science and Artificial Intelligence Laboratory in 1959 and authoring many groundbreaking books in the field of artificial intelligence, including Perceptions. He won many notable awards in his field of study, including the Turing Award in 1969. Minsky is survived by his wife Gloria Minsky; three children, Margaret Minsky, Julie Minsky, and Henry Minsky.

49| 한겨레신문. 2016년 5월 25일자 기사. "소설 쓰는 알파고는 없었다"

6장 ───────

50| 잭 자이프스. 2009. "울프월드".《세상으로의 첫 여행을 떠날 때 읽는 동화》. 사이

51| 조이스 캐럴 오츠. 2015. "오빠와 새".《엄마가 날 죽였고 아빠가 날 먹었네》. 현대문학

52| 존 테일러 개토. 2015.《학교의 배신: 학교종은 누구를 위하여 울리나》. 민들레

53| 뉴스타파. 김진혁 미니다큐 Five minutes : 꼰대 vs 선배 (2015. 1. 21) https://www.youtube.com/watch?v=wIJd3aRplmg

54| 게오르그 짐멜. 2006. "이방인".《짐멜의 모더니티 읽기》. 새물결

55| 베리 손. 2014.《젠더플레이》. 양서원

56| 마사 누스바움. 2015.《감정의 격동 1: 인간과 욕망》. 새물결

57| 신성욱. 2014.《조급한 부모가 아이 뇌를 망친다》. 어크로스

58| 에릭 에릭슨. 2014.《유년기와 사회》. 연암서가

7장 ───────

59| 캐서린 스타이너 어데어. 2015.《디지털 시대, 위기의 아이들》. 오늘의 책

60| Paul Virilio. 2003. *unknown quantity*. London: Thames & Hudson

61| John Armitag ed. 2013. *The Virilio Dictionary*. Edinburgh University

Press

62ㅣ 니클라스 루만. 2007.《사회체계이론 Ⅰ》. 한길사

63ㅣ 마사 누스바움. 2015.《감정의 격동 1: 인간과 욕망》. 새물결

중독은 없다

초판 1쇄 발행일 2016년 9월 1일

지은이 윤명희
펴낸이 김현관
펴낸곳 율리시즈

책임편집 김미성
디자인 Song디자인
종이 세종페이퍼
인쇄 및 제본 올인피앤비

주소 서울시 양천구 목동중앙서로7길 16-12 102호
전화 (02) 2655-0166/0167
팩스 (02) 2655-0168
E-mail ulyssesbook@naver.com
ISBN 978-89-98229-35-1 03330

등록 2010년 8월 23일 제2010-000046호

이 도서의 국립중앙도서관 출판시도서목록(CIP)은 서지정보유통지원시스템
홈페이지(http://seoji.nl.go.kr)와
국가자료공동목록시스템(http://www.nl.go.kr/kolisnet)에서
이용하실 수 있습니다.(CIP제어번호: CIP2016019664)

책값은 뒤표지에 있습니다.